本书是教育部人文社科规划基金资助 项目

主体功能区视阈下的
城乡土地置换问题研究
——以皖江城市带为例

徐诗举 著

NORTHEAST NORMAL UNIVERSITY PRESS
WWW.NENUP.COM
东北师范大学出版社

图书在版编目（CIP）数据

主体功能区视阈下的城乡土地置换问题研究：以皖江城市带为例 / 徐诗举著． -- 长春：东北师范大学出版社，2017.8
ISBN 978-7-5681-3690-7

Ⅰ.①主… Ⅱ.①徐… Ⅲ.①土地资源—资源管理—研究-安徽 Ⅳ.① F323.211

中国版本图书馆 CIP 数据核字（2017）第 221504 号

| □ 策划编辑：王春彦 |
| □ 责任编辑：卢永康　　　　□ 封面设计：优盛文化 |
| □ 责任校对：李　倩　　　　□ 责任印制：张允豪 |

东北师范大学出版社出版发行
长春市净月经济开发区金宝街 118 号（邮政编码：130117）
销售热线：0431-84568036
传真：0431-84568036
网址：http://www.nenup.com
电子函件：sdcbs@mail.jl.cn
河北优盛文化传播有限公司装帧排版
北京一鑫印务有限责任公司
2018 年 1 月第 1 版　2018 年 1 月第 1 次印刷
幅画尺寸：170mm×240mm　印张：9　字数：247 千

定价：34.00 元

简介

作者简介：徐诗举：男，1968年12月生，安徽省长丰县人，铜陵学院教授、博士、安徽省政协委员、全国优秀教师、安徽省教学名师、铜陵市思想宣传文化领域拔尖人才、安徽财经大学税收专业硕士生导师、铜陵学院首批学术带头人。主持国家社科基金、教育部人文社科基金和安徽省人文社科基金等课题10余项，出版专著2部，在《财政研究》、《税务研究》等核心期刊发表学术论文50余篇。获得铜陵市社会科学优秀科研成果一、二、三等奖共4项，铜陵学院第三届优秀科研成果一等奖。

前言

在我国城镇化建设过程中，随着劳动、资本、技术等生产要素不断向城市集聚，城市对居住用地、工业用地、商业服务业及设施用地、物流仓储业用地、公共管理与公共服务用地、道路与交通设施用地、公共设施用地以及绿地与广场用地等建设性用地需求不断增加。由于缺乏有效的空间规划体系，一度造成城市"摊大饼"式地向周边蔓延与扩张。一般城市都发源于水土气候等条件较好的农产品主产区的中心地带，城镇化的无序扩张，挤占的多半都是万顷良田。我国是耕地非常稀缺的国家，人均耕地占有面积不到世界平均的三分之一。根据国土资源部调查数据显示，全国耕地面积由1996年10月底的19.51亿亩（1亩≈667平方米），减少为2004年10月底的18.37亿亩，8年时间耕地净减少1.14亿亩。虽然推行了耕地占补平衡政策，但却存在着占优补劣的问题。例如，2004年度各项建设占用的耕地中有灌溉设施的占72%，而补充耕地中有灌溉设施的仅占34%；建设占用的耕地多数是居民点周边的优质高产良田，补充的耕地多来自未利用地的开发❶。在大量耕地被占用的同时，我国却又存在城乡建设用地错配和低效使用现象。例如，广大农村地区因人口流出和宅基地闲置出现大量"空心村"，东部沿海及一些中心城市因建设用地供给不足导致房价上涨过快压力，中西部地区一些人口集聚能力较差的中小城市却因建设用地供给过多形成房地产去库存压力等。

为了实现国土空间的有序开发，2010年12月我国颁布了《全国主体功能区规划》，提出要根据不同区域的资源环境承载能力、现有开发强度和发展潜力，统筹谋划人口分布、经济布局、国土利用和城镇化格局，确定不同区域的主体功能，并据此明确开发方向，完善开发政策，控制开发强度，规范开发秩

---

❶ 张晓松. 人均耕地1.4亩传递三大警示信号[N]. 新华日报，2006-4-17(04).

序，逐步形成人口、经济、资源环境相协调的国土空间开发格局。《全国主体功能区规划》中，全国主要的城镇化地区（重点开发区、优化开发区）与农产品主产区（限制开发区）是交叉重叠的，城镇化建设用地需求的扩张，必然要挤占农产品主产区的地域空间。2010年1月12日，国务院正式批复《皖江城市带承接产业转移示范区规划》，安徽沿江城市带承接产业转移示范区建设纳入国家发展战略。皖江城市带承接产业转移示范区规划范围既与《全国主体功能区规划》中被命名为"江淮地区"的国家级重点开发区重合，又镶嵌于被命名为"长江流域农产品主产区"的国家级限制开发区之中。因此，皖江城市带建设与耕地保护的矛盾在全国具有代表性，只有完善城乡土地置换制度，才能最终实现"建设用地总量不增加，耕地面积不减少，质量不降低，城乡用地布局更合理"的目标，这也是本书题为"主体功能区视阈下的城乡土地置换问题研究——以皖江城市带为例"的原因所在。

本书是教育部人文社会科学基金项目"主体功能区视阈下的城乡土地置换问题研究——以皖江城市带为例"（项目编号：12YJA790157）的最终成果。全书分为8章，沿着"导论—主体功能区规划与城乡土地置换的关系—主体功能区视阈下城乡土地置换的理论基础—皖江城市带主体功能区间土地置换潜力测算—皖江城市带城乡土地置换补偿制度设计—促进人口流动与城乡土地置换相协调—重点开发区新增建设用地指标的激励机制—城乡建设用地供求调节机制"的研究思路展开论述。

本书写作过程中，引用和借鉴了很多学者的观点，书中都一一做了列举，其中很多都是真知灼见，在此表示诚挚的谢意。由于《安徽省主体功能区规划》颁布相对较晚，皖江城市带以县级为行政单元主体功能区规划到2014年才向社会公布，客观上限制了对皖江区域主体功能区城乡建设用地、人口、经济等基本数据的采集与整理，也导致后期的研究时间过紧。鉴于笔者知识、能力和水平有限，书中错误在所难免，有些观点尚需商榷，恳请专家学者批评指正！

目录

第一章　导　论 / 001

　　一、选题背景、意义和研究目标 / 001

　　二、相关研究文献 / 004

　　三、研究方法、逻辑与内容结构 / 015

　　四、创新与不足 / 019

第二章　主体功能区规划与城乡土地置换关系 / 021

　　一、主体功能区规划的实质与意义 / 021

　　二、城乡土地置换含义及其分类 / 024

　　三、城乡土地置换是实施主体功能区战略的基本保障 / 025

第三章　主体功能区视阈下城乡土地置换的理论基础 / 028

　　一、西方土地开发权理论及其启示 / 028

　　二、我国农地"二元"产权理论及其现代意义 / 031

　　三、主体功能区人口均衡理论及其启示 / 038

　　四、"多规合一"改革理论及其启示 / 042

第四章　皖江城市带主体功能区间土地置换潜力分析 / 044

　　一、皖江城市带主体功能区规划情况 / 044

　　二、皖江城市带城乡土地置换政策变迁 / 048

　　三、皖江城市带城乡土地置换潜力测算 / 051

　　四、结论与政策建议 / 055

第五章　皖江城市带城乡土地置换补偿制度设计 / 057

　　一、农村宅基地退出补偿问题研究 / 057

　　二、主体功能区划背景下区域间生态补偿制度 / 068

第六章　促进人口流动与城乡土地置换相协调 / 077

　　一、促进进城农民市民化 / 077

　　二、促进人口流动与主体功能区规划相一致 / 086

　　三、促进土地开发权与人口并流 / 093

第七章　重点开发区新增建设用地指标的激励机制研究 / 099

　　一、问题的提出与相关文献综述 / 099

　　二、重点开发区建设用地供求失衡及危害 / 100

　　三、皖江城市带建设用地配置状况 / 103

　　四、构建皖江城市带重点开发区新增建设用地激励机制 / 107

第八章　城乡建设用地供求调节机制研究 / 112

　　一、问题的提出及相关研究综述 / 112

　　二、我国农地开发权本质及其供求失衡 / 114

　　三、主体功能区视阈下农地开发权转移 / 117

　　四、皖江城市带农地开发权供求现状 / 117

　　五、建立皖江城市带农地开发权供求调节机制 / 122

参考文献 / 125

第一章 导 论

一、选题背景、意义和研究目标

（一）选题的背景与意义

大量人口户籍地与居住地分离，是我国城镇化进程的一个显著特征。由于缺乏必要的宅基地退出机制，造成农村建设用地大量闲置。国土资源部的数据显示，我国农村居民点空闲和闲置用地面积达3 000万亩（1亩≈666.7平方米）左右，相当于现有城镇用地规模的1/4，低效用地达9 000万亩以上，相当于现有城镇用地规模的3/4[1]。同时，伴随着农村人口的大量涌入，城镇建设用地供给相对不足，导致城市房价过高，进一步降低了城镇化的质量。按照《国家新型城镇化规划（2014—2020年）》提出的目标，到2020年，我国将转移1亿左右农业人口到城镇落户，常住人口城镇化率和户籍人口城镇化率应分别达到60%和45%左右。显然，农村集体建设用地大量闲置和城镇建设用地不足的矛盾将长期存在。2004年10月21日，国务院发布了《关于深化改革严格土地管理的决定》（国发〔2004〕28号），鼓励农村加强建设用地整理，实行城镇建设用地增加要与农村建设用地减少相挂钩。全国各地纷纷进行城乡建设用地增减挂钩改革试点，最典型的是成都的"三集中"（工业向集中发展区集中，农民向城镇集中，土地向承包经营户集中）、浙江嘉兴的"两分两换"（用宅基地换城镇住房，用承包经营地换社会保障）、重庆的"地票交易"等。国家规定城乡建设用地增减挂钩结余指标只能限于县级行政区域范围内交易，但是经济发展不平衡及其引起的人口跨区域流动，造成区域间城乡建设用地供求严重失衡。

---

[1] 参见国土资源部网站，《国土资源部关于推进土地节约集约利用的指导意见》解读之一。http://www.mlr.gov.cn/tdzt/tdgl/jyjy/zcjd/201410/t20141015_1332337.htm

与此同时，由于缺乏科学的国土空间规划，形成空间无序开发格局，导致耕地资源减少和生态环境破坏，仅1990—2010年，我国城市建成区面积就净增2.5万平方千米以上，2003年各地设立的各类经济开发区就占掉耕地168万亩，同比增长37%。我国耕地每年以近700万亩的速度锐减，2001~2010年共减少耕地1.59亿亩，我国人均耕地面积只有1.3亩，仅为世界平均水平的1/3，坚守18亿亩耕地红线压力巨大❶。正是基于这样的情况，2006年通过的《"十一五"规划纲要》提出："根据现有资源环境承载力、开发密度和发展潜力，统筹考虑我国未来人口分布、经济布局、国土利用以及城镇化格局，将整个国土空间划分为优化开发、重点开发、限制开发以及禁止开发等四类主体功能区域，按照主体功能定位调整完善区域政策与绩效评价，规范空间开发秩序，形成合理的空间开发结构。"2010年12月我国颁布了《全国主体功能区规划》，各地已经相应出台了省级层面主体功能区规划。由于历史和自然环境的原因，重要大中城市和城镇化密集地区主要集中在气候条件优良、水土资源较好、水陆交通便捷的农产品主产区。《全国主体功能区规划》中，全国主要的城镇化地区（重点开发区、优化开发区）与农产品主产区（限制开发区）是交叉重叠的，因此，城镇化建设用地需求的扩张，必然要挤占农产品主产区的地域空间。当前主要通过城乡土地置换方式保障城市建设用地需求，即主要依靠复垦农村宅基地等途径新增耕地面积，用新增耕地面积抵补城市建设用地增加的指标，政府或开发商付给农村集体组织或农民个人一定的土地复垦补偿费。由于城乡土地置换中农地发展权归属问题存在争议，城乡土地置换政策制定缺乏统一的理论依据，实践中暴露出很多的问题。

一是农地开发权归属存在争议。所谓农地开发权就是将农村用地改变为城市建设用地引起土地价值增值的权利。农地开发权归属涉及城乡土地置换过程中土地价值增值部分的分配问题，然而农地开发权究竟属于政府、集体还是农户，学者们各执一词，导致实践中补偿方式、补偿标准混乱，激化社会矛盾。

二是造成农村复垦土地虚增。目前主要通过将农民往中心村或城镇集

---

❶ 邱敦红.新形势下的中国土地问题[J].求是，2012(08):28-30.

中，让出原宅基地的办法来新增耕地。通过实际调研发现，农户除了住宅占地以外，还需要一定的畜禽棚舍、打（晒）谷场、草垛、粪池（堆）、菜地、果园等场地，而且住宅层数不宜过高，集中居住以后，实际占用耕地面积远远超出规划面积，造成新增耕地面积缩水，耕地质量下降，增减挂钩流于形式。

三是诱发城镇化无序扩张。例如，在重庆试点方案中，农村复垦土地指标被称为"地票"，可以跨地区流转，开发商通过竞价购得"地票"用于城镇房地产开发，在农村复垦土地虚增的情况下，市场流转的"地票"过多，容易造成部分地区城镇化过度膨胀，也容易造成偏远农村地区进一步衰落。

四是引起农村新的分配不公。试点地区主要分布在城乡接合部，不是每个地区的农户都可以置换宅基地，没有机会置换地区的农户就不能分享对土地开发增值的利益。在地方政府主导下的以行政村为单元的整体宅基地复垦方式下，置换复垦土地收益在地方政府、村集体组织和农户之间共同分配，处理不当，也容易诱发农村社会矛盾。

五是城乡土地置换目标异化。国家允许和鼓励城乡土地置换的本意是为了优化土地资源配置。现实当中，一些地方政府为了获得更多的建设用地指标，出现强拆强建，违背农民意愿，逼农民上楼等严重侵害农民利益的恶性事件。

六是导致农村更大的社会效率损失。从主体功能区规划的角度来看，促进限制开发区人口向重点开发区流动是实现区域协调发展的重要途径。而当前整体性集中迁移过程中的大拆大建，一方面造成村庄建筑物和树林的大片销毁，另一方面又对占地进行重新建设，在主体功能区形成之后，随着农村人口的进一步减少，必然导致大量建筑设施的闲置。

因此，本课题研究对保障主体功能区战略的顺利实施，建立合理的国土开发秩序，优化城乡土地资源配置，对保护耕地和生态环境以及维护农民权益等都具有重要的现实意义。

（二）研究目标

1. **总体研究目标**：从主体功能区规划战略需要出发，针对当前城乡土地置换存在的理论与现实问题，研究制定有利于促进限制开发区人口向重点开发区流动的城乡土地置换政策，通过减少农村人口及其居住空间来实现复垦土地面积增加，最终实现"建设用地总量不增加，耕地面积不减少，质量不降低，城乡用地布局更合理"的目标。

2. 本课题研究包括如下子目标：（1）界定农地开发权归属。借鉴西方土地开发权理论，并结合我国实际情况，为制定城乡土地置换的土地发展权增值分配政策提供理论依据。（2）促进农村人口与农地发展权并流。在主体功能区规划背景下，应促进限制开发区人口向重点开发区流动，以此作为增加农村宅基地复垦面积和城市建设用地指标的主要途径。（3）建立新增建设用地指标的激励机制。将各重点开发区的新增用地指标与其吸纳新增退地农民数量和新增 GDP 挂钩，促进人口、土地与经济在区域间优化配置。（4）建立农地发展权的供求调节机制。提出通过调整退地补偿标准来调节城乡土地发展权供求关系，实现对城乡土地资源的宏观调控与管理。

二、相关研究文献

（一）国外相关研究文献

主体功能区规划战略背景下的城乡土地置换问题，实际就是解决城镇化过程中农村人口向城市流动引发城乡建设用地供求失衡问题，即通过制度手段促进农村土地开发权随人口向城市转移，解决农村建设用地闲置与城市建设用地短缺并存矛盾。与此相关，土地产权归属决定土地开发权转让收益的分配。因此，国外关于本课题的相关研究可以概括为三个方面：一是关于工业化、城镇化过程中农村人口向城市迁移问题，二是土地开发权转移问题，三是农地产权归属问题研究。

1. 关于农村人口向城市迁移的研究文献

在传统的农业社会里，农村人口占绝对多数。随着工业文明的兴起，城市成为集聚劳动、资本和技术等要素的主要场所。因此，世界范围的工业化、城镇化过程，其实就是农村人口不断向城市迁移的过程。梳理国外经典著作的研究脉络，由起初认为影响迁移决策的因素主要是追求货币收益，逐步扩展到考虑货币以外的其他因素。例如，Lewis（1954）[1]认为，只要城市的工资率高于农村的工资率，城市就能够获得源源不断的劳动力供给，直到富余劳动力被完全"吸干"。Ranis 和 Fei（1961）[2]在 Lewis 模型的基础上，提出农村劳动力迁入城市的先决条件是因为农业生产率提高而出现农业劳动力剩余。Todaro(1969)[3]考虑到失业率对迁移的影响，认为迁移决策取决于与预期收入的差距，城市的预期收入取决于工资水平和就业概率（由失业率决定）。Krugman(1991)[4]认为人口集中源于经济集聚所产生的空间规模效应。Boyer 和 Hatton(1997)[5]认为城乡收入差距、就业率、居住条件、预期寿命、距离以及亲友情况等都是影响劳动力迁移决策的因素。Tiebout(1956)[6]和 Oates(1981)[7]的"用脚投票"(voting with feet) 理论认为，居民迁移在于选择公共产品与税收的组合使自己效用最大化的社区，暗含了财政政策对人口迁移具有重要调节作用的论点。显然，引起人口区域间迁移的原因是复杂的，不同学者在不同时期、不同社会制度背景下，对影响迁移的因素认识是有差异的，但是总体来讲又是相互借鉴和传承的。

2. 关于土地开发权转移问题研究文献

在国外，对应城乡土地置换的是土地发展权转让 (TDR，transferable

---

[1] Lewis.W.Arthur. Economic Development with Unlimited Supplies of Labor [J] .Manchester School of Economic and Social Studies, 1954, 22 (2): 139-191.

[2] Gustav Ranis, John C. H. Fei，A Theory of Economic Developments[J] .The American Economic Review, 1961, (4): 533-565.

[3] Michael P.Todaro. A Model of Labor Migration and Urban Unemployment in Less Developed Countries [J]. American Economic Association, 1969, 59 (1): 138-148.

[4] Paul Krugman. Increasing Returns and Economic Geography [J].The Journal of Political Economy, 1991, 99 (3): 483-499.

[5] George R. Boyer, Timothy J. Hatton. Migration and Labor Market Integration in Late Nineteenth - Century England and Wales [J].The Economic History Review , 1997, 50 (4): 697-734.

[6] Charles M. Tiebout. A Pure Theory of Local Expenditures [J]. The Journal of Political Economy, 1956, 64 (5): 416-424.

[7] Wallace E. Oates. On Local Finance and the Tiebout Model [J]. The American Economic Review, 1981, 71 (2): 93-98.

development rights)。围绕 TDR 的研究主要包括两个方面：一是关于 TDR 产生背景。Barrows 和 Prenguber（1975）[1]、Barrese（1983）认为分区管制政策在实现特定目标的同时，也使被规划为开发区内的土地所有者获得了非个人努力所带来的收益，而开发受限地区的所有者则面临着潜在的损失。Nickerson 和 Lynch（2001）[2]认为农地价格按照资产定价理论应当包括未来农业收益的折现和未来转为非农用地的价值，分区管制则正是对后者的剥夺。正因为分区管制的缺陷，20 世纪 70 年代兴起对 TDR 的研究。显然，分区管制政策的缺陷是发展权转让产生的背景。二是关于 TDR 基本内涵与优势。Danner（1997）[3]将 TDR 定义为：TDR 是一种财产权利，它可以从被设计为发送区的地块上分离出来，转移到被定义为接受区的另一地块上，使之获得更大的开发强度，发送区在出售或转让这种财产权利之后，通常会受到严格的开发限制。Tavares（2003）[4]、Henger 和 Bizer（2008）[5]则认为土地发展权作为变更土地用途的权利，它可以从土地产权束缚中分离出来并让渡给他人。Gary Wolfram（1981）提出，为保护作为公共物品的开敞空间，允许这类土地上的发展权出售可以实现林达尔均衡。美国是实行土地发展权转让制度的典型国家，推行土地开发权转让制度的主要目的在于适度有序开发土地，保护生态环境，加强土地用途管理以及优化土地资源配置。政府主要职责是负责土地利用规划和规范土地开发权转移制度，通过市场交易手段解决经济发展、生态环境及耕地保护问题。

---

[1] Richard L. Barrows. etc. Transfer of DevelopmentRights：An analysis of new land use policy Tool[J]. AmericanJournal of Agricultural Economics，1975，57(4)：549-557.

[2] Cynthia J. Nickerson & Lori Lynch. The Effect of FarmlandPreservation Programs on Farmland Prices[J]. American Journal of Agricultural Economics，2001，83(2)：341-351.

[3] John C. Danner TDRs—great idea but questionable value[J].The Appraisal Journal,1997，4：133-142.

[4] António Tavares. Can the Market Be Used to Preserve Land? The Case for Transfer of Development Rights [C]. European Regional Science Association 2003 Congress，2003.

[5] Ralph Henger and Kilian Bizer. Tradable Planning Permits for Land-use Control in Germany [C]. oettingen：Land Use Economics and Planning Discussion Paper, 2008: 01-08.

3. 关于农村产权制度问题的研究

市场经济制度确立的过程，也是农地产权逐步私有化的过程。美国从建国开始到 20 世纪 30 年代的 140 多年时间内，将大量的国有土地逐步出让给私人所有。到 1995 年，俄罗斯已经将苏联国家和集体农场的土地通过法律途径分配给农户和农场工人。二战以后，除了林地、原野、河川、海滨等土地以外，日本农地主要分配给农户所有。在英国，因为私人对土地拥有永久业权，虽然在法理上讲土地归国王即国家所有，但是实际上 90%的土地属于私有。显然，市场经济国家，农地产权一般属于私人所有。关于农村产权制度问题的研究，国外文献主要集中在土地所有权与经营权关系的研究。例如，亚当·斯密（1776）[1]主张所有权与经营权合一，认为租佃制会阻碍租佃农户对土地改良的投入；John Stuart Mill（1848）[2]认为所有权与经营权可以分离，因为稳定的租佃权可以弥补租佃制的弊端；Theodore W. Schultz（1964）[3]认为建立所有权和经营权合一的适度规模的家庭农场能够提高农业生产效率。

（二）国内相关研究文献

1. 关于农地开发权转让制度问题的研究

关于农地开发权问题的研究主要围绕农地开发权转让制度在我国的适用性、农地开发权转让收益归属和农地所有权性质的研究。

一是关于农地开发权转让制度在我国的适用性研究。学术界主要考虑到美国土地开发权转让 (TDR，transferable development rights) 在明晰产权、优化开发秩序、提高土地使用效率、保护耕地和生态环境等方面发挥的积极作用，呼吁借鉴 TDR 政策取代传统的分区管制政策，以减少政府行政干预对土地利用产生各种市场扭曲和社会风险。随着我国土地资源短缺问题日益严峻，分区管制政策的缺陷逐步显露，近年来关注土地发展权转让问

---

[1] 亚当·斯密. 国民财富的性质和原因的研究 [M]. 北京：商务印书馆，2005.

[2] John Stuart Mill , Principles of Political Economy with some of their Applications to Social Philosophy[M].London: John W. Parker, West Strand Press, 1848.

[3] Theodore W. Schultz, Transforming Traditional Agriculture[M].New Haven: Yale University Press, 1964.

题的学者越来越多。沈守愚（1998）❶、刘国臻（2007）❷、刘明明（2008）❸等结合中国农村土地所有制度、耕地保护制度、生产力水平、城乡二元户籍制度以及农村市场化改革的实际情况，论述了设立农地发展权对理顺集体土地的产权关系和有效保护耕地的重要意义。

　　二是关于农地开发权归属的研究。在农村市场化改革进程中，土地征用、城乡土地置换等引起农地使用性质发生变化，即产生农地开发权转让收益。我国对农地发展权归属争论较为激烈。沈守愚（1998）、胡兰玲（2002）❹、张友安（2005）❺等认为农地发展权应该归国家所有，即涨价归公。土地涨价归公的原因是我国土地终极所有权归国家，而且土地价格上涨更多原因是政府的规划、公共投资开发等因素造成的，并非市场因素造成的。在我国，涨价归公思想的最早倡导者是孙中山先生，涨价归公也可以从促进社会公平分配、减少贫富差距角度考虑。与涨价归公思想不同，张安录（2000）❻、雷寰（2005）、廖喜生（2007）❼等主张将农地发展权归农地所有者，即涨价归私。他们认为如果土地涨价要归公，就等于是放弃了对于私有产权（在我国是指土地使用权）的坚守，这是对利伯维尔场经济的背叛。私人对土地产权（使用权）的购买与处置是一种市场行为，行政因素造成的土地价格涨落是不确定的。因此，土地市场对每个人的机会也是均等的，土地市场投机行为的存在恰恰证明土地市场存在风险和不确定性预期，也是涨价归私的合理性所在。不同于涨价归公与涨价归私两种思想的完全对立，土地开发权收益均分的思想比较适合当前的实际。例如，

---

❶ 沈守愚. 论设立土地发展权的理论基础和重要意义 [J]. 中国土地科学，1998（1）.

❷ 刘国臻. 房地产老板之暴富与土地发展权研究 [J]. 中山大学学报（社会科学版），2007（3）.

❸ 刘明明. 土地发展权的域外考察及其带来的启示 [J]. 行政与法，2008（10）.

❹ 胡兰玲. 土地发展权论 [J]. 河北法学，2002（2）.

❺ 张友安，陈莹. 土地发展权的配置与流转 [J]. 中国土地科学，2005（5）.

❻ 张安录. 可转移发展权与农地城市流转控制 [J]. 中国农村观察，2000（2）.

❼ 廖喜生，陈甲斌. 从集体用地流转看我国农村土地发展权配置 [J]. 中国国土资源经济，2007（12）.

朱启臻（2006）[1]、刘国臻（2007）[2]等则主张中国土地发展权归政府、土地所有者、土地使用者三方共同所有。持这种思想，主要是对前面两种收益归属非此即彼、非公即私的极端思想的矫正，我国土地所有制属性的不同以及实际产权占有的复杂性（如包括集体所有、国家所有、征收权、使用权、经营权、承包权、租赁权等权利的交织），涉及多种产权主体利益的交叉、重叠与纠缠，因此利益均沾的分配方式也适合中国传统中庸思想解决问题的思路，有利于减少制度摩擦和改革阻力，降低产生社会危机的风险。

三是关于农地所有权性质的研究。与国外市场经济国家有明确的土地私有制度不同，我国在市场化改革进程中，虽然宪法、土地法等都明确规定农村土地集体所有制，但是就实际土地管理、占用、使用、处置、增值收益分配的情况来看，所有制的归属是模糊的。因此，国内文献更偏重于农村土地所有制性质的研究。例如，魏正果（1989）[3]主张农地国有化，即国家拥有农地的最终所有权，农户占有和使用农村土地并依法缴纳租税；杨小凯（2002）[4]主张农地私有化，认为农地私有化不会导致贫富分化，且有利于减少社会纠纷和稳定地方财政；迟福林（2001）[5]则坚持农地集体所有制，倡导继续稳定家庭联产承包责任制，并赋予农民长期而有保障的土地使用权。就我国实践来看，公有土地实行所有权与经营权合一无疑是倒退，土地私有化也不是提高生产效率的最佳或唯一途径，而建立长期稳定的承包经营关系在特定时期提高了农户的积极性。显然，不同国家以及同一国家的不同历史时期，都需要与国情相适应的农地产权制度设计。

2. 关于城乡土地置换试点问题的研究

2000年以来，全国各地都纷纷进行土地发展权改革试点，最典型的是浙江嘉兴的"两分两换"（退地农户用宅基地换城镇住房，用承包经营地换

---

[1] 朱启臻.新农村建设与失地农民补偿——农地发展权视角下的失地农民补偿问题[J].中国土，2006（4）.

[2] 刘国臻.房地产老板之暴富与土地发展权研究[J].中山大学学报(社会科学版).2007(3).

[3] 魏正果.我国农业土地国管私用论[J].中国农村经济，1989.（5）.

[4] 杨小凯.中国改革面临的深层问题——关于农村土地改革[J].战略与管理，2002（5）.

[5] 迟福林.赋予农民长期而有保障的土地使用权[J].中国农村经济，1999（3）.

社会保障)、天津的"宅基地换房"、成都的"三集中"(工业向集中发展区集中,农民向城镇集中,土地向承包经营户集中)和重庆的"地票交易"等。谭峻、戴银萍(2004)、[1]汪晖、陶然(2009)、[2]尹珂、肖轶(2011)[3]等从不同角度,分别对上述试点情况进行了评价,主要是分析各地试点办法的优缺点。例如,天津"宅基地换房"模式一般适用于城乡接合部,提高了城镇化率、解决了退地农民社会保障问题,但是因为土地升值大,换房的位置、面积等不同引起的实际收入差异明显,政府与农户之间关于农地开发权收益的分配矛盾较大;重庆的"地票"交易模式不受空间距离的影响,有利于远离城市的偏远地区农村宅基地参与城乡土地置换,扩大了置换半径,但是容易引起偏远地区人口大量流出和农村的衰落;成都的"三集中"有利于县域经济发展、促进了城乡一体化进程,但是对于耕地和生态环境保护产生很大压力。

3. 关于实施主体功能区差别化土地政策的研究

由于主体功能区规划的定位,重点开发区是国家和区域未来新的重要经济增长极和人口集聚地,从集聚人口和发展经济的角度出发,重点开发区建设用地必须增加。限制开发区、禁止开发区是从保护耕地和生态环境角度出发,需要将农村剩余劳动力和生态超载人口迁移出去,因此,限制开发区、禁止开发区建设用地面积必须减少。近些年,学术界较为一致的观点是实施差别化的土地政策,以优先保障重点开发区城镇化建设用地的需求。例如,胡存智[4](2011)主张通过修编土地资源利用规划、城市建设规划以及增加年度建设用地计划等方法增加重点开发区建设用地供给。程力[5](2014)主张通过优先安排重点开发区城乡建设用地增减挂钩、未利用

---

[1] 汪晖,陶然. 论土地发展权转移与交易的"浙江模式"——制度起源、操作模式及其重要含义 [J]. 管理世界, 2009 (08).

[2] 谭峻,戴银萍. 浙江省基本农田易地有偿代保制度个案分析 [J]. 管理世界, 2004(03).

[3] 尹珂,肖轶. 农村土地"地票"交易制度绩效分析——以重庆城乡统筹试验区为例 [J]. 农村经济, 2011 (02).

[4] 胡存智. 差别化土地政策助推主体功能区建设 [J]. 行政管理改革, 2011 (4): 19-25.

[5] 程力. 对主体功能区战略下的差别化土地政策的探讨——以广西为例 [J]. 南方国土资源, 2014 (07): 45-48.

土地资源综合开发、低效用地再利用等土地利用改革试点，拓宽新增建设用地来源和渠道。关于差别化土地政策指标的设计问题，欧胜彬等[1]（2014）主张根据各地完成土地管理绩效指标的情况，实行量化考核，将预留指标和盘活指标作为奖励用地指标。郭杰等[2]（2016）则认为新增建设用地指标分配不仅要考虑社会经济发展水平因素，还应引入耕地保有量和建设用地可拓展空间等总量约束指标。

4. 关于建立宅基地退出与补偿机制问题的研究

目前，学术界主要围绕宅基地退出的制约因素、补偿方式、补偿标准以及受偿主体等问题进行研究。例如，刘同山[3]（2016）等认为国家法律法规限制了宅基地使用权交易及其价值体现，制约了农户闲置宅基地的有偿退出。魏后凯[4]（2016）等认为相对于宅基地换房和宅基地收储方式，市场化交易更能够体现宅基地价值、实现供需平衡，有更好的推广价值。滕亚为[5]（2011）认为宅基地退出补偿标准低、补偿标准不统一，降低了农民宅基地的退出意愿。欧阳安蛟[6]（2002）等建议以宅基地使用权人放弃宅基地在城镇或社区新村获得相当住房保障为标准。程春丽[7]（2014）指出我国农村宅基地退出补偿机制不合理，主要表现在补偿办法由政府单方确定，农民土地发展权没受到保护。徐小峰[8]（2011）等主张宅基地的受偿主体只能

---

[1] 欧胜彬，农丰收，陈利根．建设用地差别化管理：理论解释与实证研究——以广西北部湾经济区为例 [J]．中国土地科学，2014 (01): 26-32.

[2] 郭杰，包倩，欧名豪：基于资源禀赋和经济发展区域分异的中国新增建设用地指标分配研究 [J]．中国土地科学，2016 (06): 71-80.

[3] 刘同山，孔祥智．参与意愿、实现机制与新型城镇化进程的农地退出 [J]．改革，2016 (06):79-89.

[4] 魏后凯，刘同山．农村宅基地退出的政策演变、模式比较及制度安排 [J]．东岳论丛，2016(09):15-24.

[5] 滕亚为．户籍改革中农村土地退出补偿机制研究——以重庆市为例 [J]．国家行政学院学报，2011（04）：101-105.

[6] 胡序威．我国区域规划的发展态势与面临问题 [J]．城市规划，2002 (2): 23-26.

[7] 程春丽．农村宅基地退出补偿与利益机制构建探析 [J]．农村经济，2014 (1):13-17.

[8] 程春丽．农村宅基地退出补偿与利益机制构建探析 [J]．农村经济，2014 (1):13-17.

是村集体和农民，地方政府除按法律法规收取相关税费外不参与收益分配。

5.关于宅基地退出与城镇化质量关系的研究

我国城镇化质量过低的原因主要围绕两个方面：一是认为缺乏农村土地的退出机制阻碍了农民工市民化。例如，严燕等❶（2012）认为城乡二元户籍制度阻碍了进入城镇定居的农民退出土地；汪晓春等❷（2016）认为只有建立进城农民的土地退出机制，才能实现进城农民向城市居民的真正转移，实现新型城镇化，促进农村土地的高效利用。二是认为城镇过高的房价与户籍门槛阻碍了农民工市民化。例如，人力资源和社会保障部劳动科学研究所课题组❸（2013）关于农民工市民化的专题调查结果显示，农民工不愿意定居城镇主要原因是买不起房；李爱芹❹（2014）认为降低城市落户门槛、剥离户口中附着的各种社会福利是推进农民工市民化的关键。进城农民需要处置的土地事项主要包括农村土地承包经营权和宅基地使用权。根据《农村土地承包经营权流转管理办法》以及《关于完善农村土地所有权承包权经营权分置办法的意见》，通过农地"三权分置"的政策实施，进城农民可以将农村承包地流转给规模经营户种植。相对于农村土地承包经营权改革，宅基地使用权改革严重滞后。按照《中华人民共和国土地管理法》和国土资源部《关于加强农村宅基地管理的意见》等有关规定，只有集体经济组织的内部成员才能享有农村宅基地使用权，农户可以将其房屋转让给本集体经济组织的其他村民，但不能转让给非本集体经济组织的成员或者城镇居民。显然，农民承包的耕地可以流转，但是宅基地流转严格受限，这与农村大量闲置宅基地亟待转让的现实情况相冲突，也是导致农村宅基地转让法律纠纷频发的缘由。

---

❶ 严燕.非农就业对农户土地退出意愿影响的实证研究[J].西南大学学报（自然科学版），2012(6):128-132.

❷ 汪晓春.新型城镇化背景下进城农民土地退出补偿机制研究[J].干旱区资源与环境，2016（1）:19-24.

❸ 白天亮.人社部调查显示：过半农民工想当市民[J].劳动保障世界，2013(5):18.

❹ 李爱芹.户籍制度改革与农民工市民化[J].山东农业大学学报（社会科学版），2014（4）:57-61.

（三）简要评价

无论在世界上哪个国家，城乡和区域之间建设用地供求状况的变化，从根本上来看都是人口迁移的结果。为此，本课题的研究还追溯了西方学者关于农村人口迁移因素的文献。不仅刘易斯（Lewis.W.Arthur）、拉尼斯（Gustav Ranis）等人的经典著作中有关影响人口迁移的一般性动因适应我国当前城镇化情况，而且中国特殊的户籍制度造成的城乡"二元"分割制度、几千年沉淀和沿袭下来的人情社会等也是影响我国人口在城乡之间、区域之间流动的因素，是分析我国城镇化进程必须考虑的特殊因素。诚然，TDR 的缺陷不容忽视。完全自由交易前提下，TDR 最终将土地发展权集中在少数人手中，有违社会道德。TDR 制度实施的最终后果，也会导致偏远地区进一步衰落。尤为重要的是，如果对发展权定价过高，就会导致开发成本上升，形成部分地区房价和开发密度双高的局面，这些地方的居民将承受交通拥挤、污染严重等问题。因此在我国城镇化推进过程中需要及时对相关制度进行反思。另外，国外土地发展权转让(TDR, transferable development rights)存在于明晰的土地私人产权制度背景之下，固然符合科斯产权定律的制度交易条件。而我国主体功能区规划背景下，涉及的是区域之间（或者是代表特定行政区域内民众利益的政府之间）土地开发权利的再分配。作为交易主体，个人与政府之间存在巨大的差异，后者涉及的因素要复杂得多。如何保证政府真正代表民众利益，以及民众意愿如何集中表达等都制约着土地发展权转让制度在我国的使用。需要指出，中国现行的土地产权制度虽然在一定程度上制约了土地开发权的流动，但是不足以否定我国土地公有制度本质及其相对优越性。最为典型的就是在进行全国性和区域性重大工程或项目的建设上，土地公有制度就体现出了决策程序效率上的巨大优越性，也在一定程度上体现只有社会主义才能集中力量办大事。当然，西方的土地产权理论是建立在完全市场化条件下的推演，国内城乡"二元"的土地制度、"二元"的户籍制度及其附着在户籍之上的社会福利政策等，都在一定程度上削弱了西方经典理论对"半城镇化"、空巢老人、留守儿童等中国问题的解释效力。当前无论是法律或制度层面，还是宅基地退出的实践层面出现的问题，根源在于没有从理论层面厘清我国宅基地使用权的性质。主张宅基地私有化的观点，实际上是将宅基地使用权混同于所有权，是对集体权益的侵害。而单方面强调宅基地的集体所有权，忽视农民的土地开发权，实际上是对农民宅基地使用权的无情剥夺。

在国内，针对城镇化过程中的城乡建设用地供求失衡以及由此产生的占补平衡、城乡土地置换、挂钩置换、"地票"交易等改革实践，学术界在充分肯定这类制度创新的积极意义基础上，对实际操作层面存在的制度执行目标异化、耕地质量下降、违背农民意愿、侵害农民利益等问题也有比较客观的分析。同时，对各种代表性地方土地制度的效率与损失进行比较分析，如浙江嘉兴的"两分两换"、天津的"宅基地换房"、成都的"三集中"和重庆的"地票交易"等，已有研究结果为全国不同地区提供了可选择的制度借鉴方案。早在2005年中共中央关于制定"十一五"规划的建议中，我国就提出主体功能区规划概念，但是，由于规划缺乏明确的政策、法律与理论依据，协调规划编制引起的区域性利益矛盾与冲突的难度大、阻力大，从主体功能区规划的编制到实施过程都比预期要艰难得多。理论界的学者们提出了实施主体功能区差别化土地政策的建议，但是到目前为止，主体功能区规划编制与真正付诸实施还存在很大差距。关键是城乡土地置换与主体功能区规划之间存在的本质联系被忽视，或许将微观的土地交易政策放在宏观的空间规划之中进行研究，能够提供解决问题的新的最有效途径。此外，城乡土地置换也不能就土地论土地，应该放在人地关系协调的背景下研究。言之，城乡与区域之间的人口流动及其经济布局的形成与重构，都会引起建设用地供求关系在空间上的变化。例如，城镇化过程中，户籍人口城镇化率与常住人口城镇化率的差异引起的农村宅基地大量闲置和城市房地产价格上涨过快，其实就是城乡分割的户籍制度、土地制度等阻碍了城乡土地要素的平等交换和空间配置。城乡土地置换必然涉及规划调整问题，针对当前国民经济与社会发展规划、土地资源利用总体规划、城乡建设总体规划以及环境保护规划等相互冲突问题，"多规合一"改革方案的提出，为解决规划冲突问题提供了新的思路。目前，主要是旧的规划理念和行政惯性思维阻碍"多规合一"的推进。

三、研究方法、逻辑与内容结构

（一）研究方法

本课题的研究方法分为两个层次。第一层次是总体研究方法，它们将贯穿于研究的全过程，指导整个研究工作的开展，主要有系统论的分析方法、多学科的综合分析法等；第二层次是具体研究方法，包括实证研究法、文献研究法、逻辑推理法、比较分析法、需求分析法以及因素分析法等，其中实证研究法将在本项目中广泛使用。

1. 总体研究方法

（1）系统论的分析方法。系统论的核心思想是系统的整体观念。世界上任何事物都可以看成是一个系统，任何系统都是一个由各种要素构成的有机整体，系统中各要素之间相互关联，构成了一个不可分割的整体。系统论的基本思想方法，就是把所研究和处理的对象当作一个系统，分析系统的结构和功能，研究系统、要素、环境三者的相互关系和变动的规律性。建立健全城乡建设用地置换制度，就是要统筹城乡发展，建立一个土地、人口、社会、经济、生态环境协调发展的城乡和区域社会经济系统。本论文试图改变将经济发展与生态环境割裂的传统研究思路，将土地政策改革与环境政策、人口政策、投资政策、财政政策、产业政策等改革紧密配合，系统推进城乡、区域协调发展。

（2）多学科的综合分析方法。主体功能区规划背景下的城乡土地置换，就是要引导土地要素与劳动、资本等生产要素在不同类型主体功能区之间合理流动，在保护耕地和生态安全的前提下，实现建设用地供给与人口分布、产业布局的调整相适应，提高土地资源空间配置效率。首先，建立健全城乡土地置换政策，需要财政政策、人口政策、土地政策、产业政策、投资政策、环境政策等综合配套改革与支持，尤其是需要对土地资源利用规划、城乡建设规划等进行必要的修编，任何政策的调整都不是孤立进行的，均是牵一发而动全身。这些都需要对政府各项政策、制度和规划进行深入、全面的研究，才能提出有针对性、可操作性的建议。其次，主体功能区规划、城乡土地置换等都是在可持续发展理论背景下提出的新的战略措施，是与中国特殊的国情相联系的。现实工作中，遇到很多难以用现有的理论或知识去解释或解决的问题和矛盾，更不是某个学科领域的理论可以解释的，只有对相关学科领域的知识进行系统综合，才能有所创新。本课题的研究不仅要涉及经济学、人口学、生态学、环境学、地理学、管理学、规划学等诸多学科领域，还要对相关学科领域知识进行系统化整理，以期引导土地、人口、资本等要素在不同主体功能区域之间合理流动，形成合理的人口分布、产业布局、土地利用与城镇化格局。

3. 具体研究方法

具体研究方法就是在总体研究方法的前提下，针对课题不同部分采用相应的研究方法。具体来讲，对我国农地发展权的归属问题的研究主要采用文献研究法和逻辑推理法；对促进限制开发区（农产品主产区）农民流出的政策研究以及鼓励重点开发区域（城镇化地区）吸纳退地农民流入的政策研究，主要采用实证研究法、需求分析法等；对关于新增建设用地指标的激励机制的研究以及农地发展权的供求调节机制研究，主要采用实证分析法、因素分析法和比较分析法；对关于农村宅基地退出补偿制度的研究，主要采用"市场参照法"下的宅基地补偿方案，属于对新的研究方法的尝试。

（二）逻辑与内容结构

在主体功能区规划战略背景下，根据区域的主体功能定位，要引导劳动、土地、资本等要素在空间重新配置。与劳动、资本、技术等要素在空间上可以自由流动相比较，土地天然具有不可位移性。城乡土地置换则是在保证建设用地不增加、耕地面积不减少的前提下，实现土地开发权的空间转移。因此，城乡土地置换是实施主体功能区战略的基本保障。城乡土地置换是我国土地制度的重要创新，然而制度设计的不完善引发了耕地质量下降、土地增值收益分配不公、农民利益受损等严重的社会现实问题。因此，当前亟待研究制定适应主体功能区规划战略需要的城乡土地置换政策。本书的研究技术路线如图1-1所示。

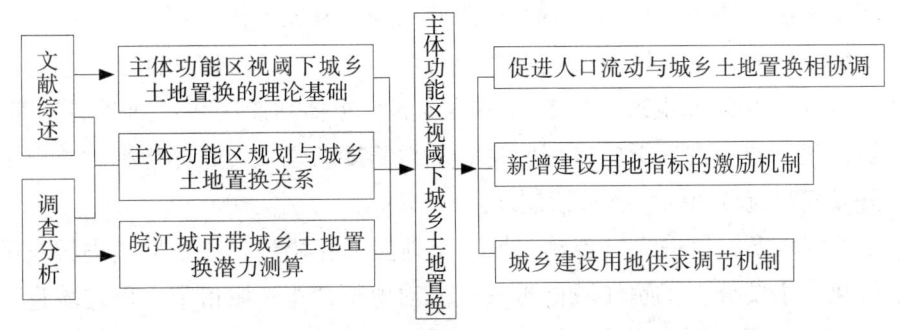

```
┌──────┐  ┌────────────────┐        ┌────────────────────────┐
│文献  │─→│主体功能区视阈下城乡│    主  │促进人口流动与城乡土地置换相协调│
│综述  │  │土地置换的理论基础│    体  └────────────────────────┘
└──────┘  └────────────────┘    功
          ┌────────────────┐    能  ┌────────────────────────┐
          │主体功能区规划与城乡│→ 区视→│新增建设用地指标的激励机制      │
          │土地置换关系      │    阈  └────────────────────────┘
┌──────┐  └────────────────┘    下
│调查  │─→┌────────────────┐    城  ┌────────────────────────┐
│分析  │  │皖江城市带城乡土地│    乡  │城乡建设用地供求调节机制        │
└──────┘  │置换潜力测算      │    土  └────────────────────────┘
          └────────────────┘    地
                                置
                                换
```

图 1-1　主体功能区视阈下的城乡土地置换问题研究技术路线图

第一章，导论。陈述内容主要包括论文选题的背景、意义及目的。评述国内外有关主体功能区背景下城乡土地置换研究的文献。陈述文章的研究方法，介绍文章的逻辑与结构，列举论文创新点与不足之处。

第二章，主体功能区规划与城乡土地置换的关系。主要分析了主体功能区规划的实质与意义，在揭示城乡土地置换含义的基础上对其进行分类，认为城乡土地置换是实施主体功能区战略的基本保障。

第三章，主体功能区视阈下城乡土地置换的理论基础。主要包括四部分内容：一是介绍了西方土地开发权理论及其对我国城乡土地置换的启示；二是论证了我国农地"二元"产权理论及其现代意义；三是论证了主体功能区环境承载力均衡理论及其启示；四是介绍了"多规合一"改革理论及其启示。

第四章，皖江城市带主体功能区间土地置换潜力测算。在对皖江城市带主体功能区规划情况和皖江城市带城乡土地置换政策变迁等调查的基础上，对皖江城市带城乡土地置换潜力进行测算。结果表明：皖江城市带建设用地指标在空间上闲置与短缺并存，皖江城市带主体功能区间土地置换潜力为 64.83 千公顷（1 千公顷 =10 平方千米，全书同）。也就是说，应将皖江城市带限制开发区闲置的 64.83 千公顷居民点及工矿用地通过整治复垦为耕地，并通过跨区域挂钩置换方式实现建设用地指标跨区域调剂。

第五章，皖江城市带城乡土地置换补偿制度设计。皖江城市带城乡土地置换补偿制度包括两个方面：一是建立农村宅基地退出补偿制度，在分析了宅基地退出的本质、宅基地退出补偿的构成及内涵的基础上，对皖江城市带宅基地退出补偿方案进行了设计，具体包括"市场参照法"和"区域交易法"两种可供不同时期参照使用的宅基地补偿方案；二是建立主体功能区规划背景下区域间生态补偿制度，在分析了主体功能区规划与区域利益冲突和区域生态补偿制度不健全制约主体功能区建设问题的基础上，提出建立政府主导下的区域间生态补偿制度的建议，具体包括大气、土地开发权和流域间的生态补偿制度。

第六章，促进人口流动与城乡土地置换相协调。主张促进进城农民市民化，主要分析了皖江城市带农民流动现状、皖江城市带农民进城过程中产生的问题，提出建立农村宅基地使用权的退出与补偿机制、推行和完善城乡土地置换制度、改革现行的土地出让金分配和使用制度、提升中小城市和小城镇的人口集聚能力等促进进城农民市民化的对策；主张促进人口流动与主体功能区规划相一致，认为我国人口分布与流动不适合主体功能区建设要求，提出促进全国劳动力市场形成、促进限制和禁止类开发区域人口流出、提高优化和重点开发区域人口接纳能力等促进主体功能区人口合理布局的政策建议；主张促进土地开发权与人口并流，提出主体功能区规划的本质是土地开发权转移，分析了土地开发权与人口并流的必要性和促进土地开发权与人口并流的原则，并以皖江城市带为例解释了土地开发权与人口并流的方法。

第七章，重点开发区新增建设用地指标的激励机制研究。在提出重点开发区建设用地供给不足问题的基础上，分析了重点开发区建设用地供求失衡状况及危害；通过对皖江城市带建设用地配置状况进行分析，认为建设用地供给与人口集聚情况以及建设用地供给与经济增长之间都存在不协调；提出构建皖江城市带重点开发区新增建设用地激励机制，具体包括构建人地挂钩的"增量指标"激励机制、构建人地挂钩的"流量指标"激励机制、建立市场化的"平衡指标"交易激励机制等。

第八章，城乡建设用地供求调节机制研究。在提出城乡建设用地供求缺乏调节机制及其引发的问题的基础上，论证了我国农地开发权本质及其供求失衡状况；分析了主体功能区视阈下农地开发权转移及皖江城市带农地开发权转移现状；提出建立皖江城市带农地开发权供求调节机制，具体包括继续推行和完善城乡建设用地增减挂钩试点制度、建立地方政府农地开发权收购和储备制度、实行皖江城市带农地开发权跨区域交易制度等。

四、创新与不足

（一）本书主要创新

综观上述研究内容，笔者认为本书的创新点主要体现在三个方面：一是研究视角的创新；二是研究方法的创新；三是理论创新。

1. 研究视角的创新

本书将城乡土地置换制度与主体功能区规划发展战略结合起来，或者说从主体功能区规划的视角研究城乡土地置换问题，是将微观的土地置换政策与宏观的空间开发规划结合起来，使城乡土地置换符合国家主体功能区规划要求，有利于提高土地利用效率。

2. 研究方法的创新

由于皖江城市带农村土地交易市场平台没有建立，尚未形成完善的宅基地开发权或"地票"交易市场，城乡建设用地增减挂钩结余指标只限于本县市区行政范围内调剂使用。对其城乡土地置换过程中的宅基地补偿方案进行设计，提出采用"市场参照法"下的宅基地补偿方案，亦即参照土地开发权交易市场较为成熟的重庆市的补偿比例。具体来讲，第一步，用重庆市一定时期"一篮子"每亩"地票"交易价格与"一篮子"每亩城市住宅用地交易价格之间的比值表示"地票地价系数"。第二步用"地票地价系数"与皖江城市带"一篮子"城镇住宅建设用地平均每亩交易价格的乘积表示皖江城市带某县（市、区）每亩宅基地开发权交易参考价格。显然，在土地交易市场不成熟的皖江城市带，参照土地交易相对成熟地区的交易价格和宅基地开发权补偿比例，用以确定皖江城市带城乡土地置换过程中的宅基地补偿标准，不仅是研究方法的创新，在实践层面上也具有可操作性。

3. 理论创新

在我国"一元"农地产权制度下，会产生农村"户籍人口迁移悖论"，即随着农村户籍人口向城镇迁移，农村集体组织成员减少，留下的农户预期自己在第三轮承包期内享有的"三权"份额会增加，导致农村户籍向城镇迁移意愿越来越弱。因此,"一元"农地产权制度改革滞后影响了城镇化发展的质量,提出建立农地"二元"产权制度的设想,即将进城落户家庭自愿退出的土地界定为"国有农地",打破单一的农地集体所有的农村土地所有制格局。认为农地"二元"产权制度对消除"户籍人口迁移悖论"、提高农地规模化经营水平以及保护农民土地权益免遭侵害等都具有重要意义。同时,保留"国有农地"也给政府推动城乡土地置换提供机动性、可调控的后备土地。

(二)本书不足之处

"主体功能区"是我国率先提出的一个全新概念,城乡土地置换的具体做法也是各地在城镇化建设过程中的初步尝试,理论设想与政策设计不仅要受到国家关于土地的大政方针政策以及法律、法规、制度、规划等约束,也要顾及来自不同利益主体的利益诉求的平衡。限于笔者的水平,树种存在的不足主要有:

1. 技术手段落后。

主体功能区规划与城乡土地置换等理论与政策的研究,不仅需要人文社会科学领域的知识,还要具备对环境资源承载力的测定技术,这需要有自然地理、环境科学、地质科学等自然科学知识与技术的运用能力。这些能力是笔者与所在团队不具备的,这必然造成本书在测算城乡土地置换潜力中,存在因为缺乏对自然环境因素充分考虑的"硬伤"。

2. 理论深度不够

虽然本文尽力尝试对主体功能区建设背景视阈下的城乡土地置换理论创新,但是囿于笔者理论修养、知识结构、资料收集和研究方法的局限,对一些基本观点的论述尚不够充分,或许部分论点尚需商榷。例如,对于不同类型主体功能区之间城乡土地置换需要人口迁移随之"并流",但是我国少数民族人口一般居住在生态环境脆弱的深山荒漠地区,少数民族人口的迁移不仅是经济与土地问题,还涉及宗教、文化甚至政治问题。诸如此类问题,都需要进一步研究。

总而言之,诸如此类的谬误定然不少,它们既是对本文研究的挑战,也是笔者将来的努力方向。

第二章 主体功能区规划与城乡土地置换关系

一、主体功能区规划的实质与意义

"主体功能区"概念是2005年中共中央关于制定"十一五"规划的建议中首次提出的,是我国对区域规划理论的重大创新,国外尚无这一概念[1]。《全国主体功能区规划》(国发〔2010〕46号)将全部国土空间划分为优化开发区、重点开发区、限制开发区和禁止开发区等四种类型。仅从字面上看,主体功能区就是依据环境资源承载能力、现有开发密度和未来发展潜力等指标对不同区域的发展进行主体功能定位所形成的一种地域单元。但从本质上看,四类主体功能区规定了不同区域的开发强度、开发方式和开发秩序,是对长期以来国土资源进行无序开发局面的终结,避免"摊大饼"式的遍地开发,造成生态环境的破坏和国家整体开发效率低下。主体功能区规划根据不同空间地域的特点,发挥其比较优势,让限制、禁止类开发区发挥其生态和农业优势,让重点、优先类开发区发挥其工业优势,实现各个区域之间优势互补,促进国家整体空间开发效率的最优,避免各个地区不顾当地的资源环境条件,盲目引进、无序开发,造成地方之间恶性竞争,从而有利于促进人口、经济与生态环境之间的协调,是对人类社会长期以来"掠夺式"的资源开发方式和"唯GDP"的经济增长方式的反思和纠正,是对发展道路和发展方式的科学和理性的深化,也是我国在科学发展观指引下所确立的一个重大区域发展战略。按照推进形成主体功能区的战略要求,对四类主体功能区的不同主体功能定位如下:

第一,优化开发区域是指经济规模较大、经济实力较强、城镇化水平

---

[1] 杨伟民,袁喜禄,张耕田,董煜,孙玥.实施主体功能区战略,构建高效协调可持续的美好家园——主体功能区战略研究总报告[J].管理世界,2012(10).

较高，但是国土开发密度较大、环境资源承载能力开始减弱的地区，目前国家级优化开发区包括环渤海、长三角、珠三角等三大经济圈。优化开发区域要转变经济发展方式，大力发展省地节水、节能低耗、降污减排产业，提高科技创新能力，促进产业升级与结构优化，提高发展质量与竞争能力，提升参与全球分工与竞争的层次。

第二，重点开发区域是指具有较强的环境资源承载能力、较好的集聚经济和人口条件和一定的产业规模与区位优势，主要包括三大优化开发区域以外的中心城市及沿主要铁路干线、沿长江和沿海等一些具备大规模开发条件的和较大发展潜力的地区。重点开发区域要大力发展基础设施，合理拓展城市空间，提高集聚经济与人口能力，积极承接优化开发区域的产业转移，接纳限制、禁止开发区域的人口转移，逐步成为全国重要的人口集聚地和新的经济增长极。

第三，限制开发区域是指生态环境比较脆弱、不适宜大规模开发的地区，是保障全国或较大区域范围内生态安全和保障国家粮食供给安全的区域。限制开发区域农业地区主要功能是保障国家粮食供给安全，因此要保护耕地、发展现代农业。限制开发区域生态地区主要功能是保障生态安全，应加强生态修复和环境保护，适度发展特色经济，逐步发展成为全国或区域性的重要生态功能区。

第四，禁止开发区域是指珍稀濒危野生动植物的天然集中分布地、有代表性的自然生态系统、有特殊价值自然遗迹和文化遗址等点状分布的生态地区，主要是指依法设立的各级各类自然保护区。除了国家规定的一些保护性设施以外，严禁其他任何形式的生产建设活动，禁止人为因素对自然生态的干扰。

主体功能区规划具有长期性、约束性和战略性的特征，是统领性规划，是其他一切规划编制的基础和重要依据，是对我国空间规划体系的进一步完善。主体功能区规划在"四大板块"区域发展总体战略基础上，根据地域差异性，主要依据环境资源承载力和开发适宜程度，进行更小尺度范围内的区域划分，主体功能区是对"四大板块"空间格局划分的细化，从而有利于制定有针对性和差别化的区域政策，促进形成多元化的区域发展模式。从区域发展理论上讲，"四大板块"战略主要是促进经济与社会的协调

第二章 主体功能区规划与城乡土地置换关系

发展，因为我国"四大板块"划分主要依据经济发展水平差异指标，主要是为了防止区域差距过大，引发民族矛盾、区域矛盾加剧等社会问题。在基础上，主体功能区规划又加入了自然环境因素，即要求促进经济、社会与自然的协调发展。

国外一般都有完善的区域规划体系，根据需要将全国分为若干大区，根据不同标准将大区分为不同数目的较小区域，然后根据需要还可以进行细分。我国幅员辽阔，国土面积分别超过或接近德国和日本的28倍，只有构建多层次的区域规划体系，才能适应促进区域协调发展的需要。长期以来，我国只有区域发展总体战略层面的规划，没有多层次的区域规划体系。从1949~1978年，因考虑到国防战备需要和受到苏联生产综合体理论影响，为缩小东西部差距，将内地作为建设重点，大力推进"三线"建设，在"三五"和"四五"时期，全国一半以上基本建设投资都集中在内地。这种均衡发展战略过分强调了公平，忽视了效率，造成了极大的资源浪费和西部生态环境破坏。1978年以后，国家确立效率优先、兼顾公平的发展原则，以东部沿海地区为开发重点。在"六五"规划中明确提出要发挥东部沿海地区优势并促进其快速发展。在"七五"规划中将全国划分为东、中、西三大经济地带并提出了推进梯度转移的区域非均衡发展战略，推动了我国整体经济的迅速发展，但在一定程度上限制了西部地区的发展，从而拉大了东西部地区间的差距。20世纪90年代后，我国出现了东西部之间差距过大的情况，国家不再把开发重点单纯集中于东部，逐步形成了"四大板块"的区域非均衡协调发展战略。

改革以前实行的"三线"建设，"六五"时期制定的沿海和内陆地区经济发展计划，"七五"时期实行的东、中、西部三大经济地带的梯度发展战略，以及目前的"四大板块"等都是区域发展总体战略范畴。笔者认为，应当将主体功能区规划与"四大板块"战略等有效衔接，构建适合我国国情的多层次的区域规划体系。具体设想是："四大板块"是全国性的区域发展总体战略，属于宏观层面的规划，主要是从国家宏观经济调控和宏观区域政策实施的角度出发，针对各地区之间经济社会发展不平衡的特点提出的。例如，我国的人均收入、人均GDP以及人均财政收入和人均财政支出等经济指标，主要表现为"四大板块"之间的较大差异。然而具体的区域政策实施，不能单纯考虑经济发展水平因素，还需要考虑具体空间地域单元的环境资源特点及其适宜开发程度，例如，西部大开发政策显然不能针对西部所有地区，三江源地区就不适合进行工业开发，而应当注重生态保护。因此，必须在"四大板块"战略基础上，进行更小尺度范围的主体功能区规划，主体功能区主要是针对各个地域单元之间环境资源承载力不同的特点提出的，属于中观层面的规划。鉴于我国区域发展的不平衡性和区域矛盾的差异性，即使相同类型的主体功能区，其差异也仍然较大，例如，同样属于环渤海优化开发区的辽中南地区面临是资源枯竭问题，而京津地区面临的是膨胀问题。在主体功能区化的基础上，还必须进行问题区域的识别，问题区域寓于主体功能区域之中，属于第三层次的区域规划。

二、城乡土地置换含义及其分类

我国有关城乡土地置换的法律法规是在实践过程中不断进行调整的。《中华人民共和国土地管理法实施条例》第十八条规定：地方各级人民政府应当采取措施，按照土地利用总体规划推进土地整理。土地整理新增耕地面积的百分之六十可以用作折抵建设占用耕地的补偿指标。《国土资源部关于加强耕地保护促进经济发展若干政策措施的通知》（国土资发〔2000〕408号）指出：实行建设用地指标置换政策，积极稳妥地推进农村建设用地的相对集中。农民居住向中心村和小城镇集中，工业向工业园区集中，是正确处理耕地保护和经济发展关系，解决建设用地供需矛盾的有效途径。为鼓励挖掘农村建设用地潜力，对原有农村宅基地或村、乡（镇）集体建设用地复垦成耕地的，经省级国土资源管理部门复核认定后，可以向国家申请增加建设占用耕地指标。通过置换取得的建设占用耕地指标的安排必须符合土地利用总体规划，专门用于乡（镇）基础设施、中心村和小城镇建设以及乡（镇）工业小区建设。《国务院关于深化改革严格土地管理的决定》（国发〔2004〕28号）提出，要按照控制总量、合理布局、节约用地、保护耕地的原则，编制乡（镇）土地利用总体规划、村庄和集镇规划，明确小城镇和农村居民点的数量、布局和规模。鼓励农村建设用地整理，城镇建设用地增加要与农村建设用地减少相挂钩。《城乡建设用地增减挂钩试点管理办法》（国土资发〔2008〕138号）规定：城乡建设用地增减挂钩（以下简称挂钩）是指依据土地利用总体规划，将若干拟整理复垦为耕地的农村建设用地地块（即拆旧地块）和拟用于城镇建设的地块（即建新地块）等面积共同组成建新拆旧项目区（以下简称项目区），通过建新拆旧和土地整理复垦等措施，在保证项目区内各类土地面积平衡的基础上，最终实现增加耕地有效面积，提高耕地质量，节约集约利用建设用地，城乡用地布局更合理的目标。

根据以上国家有关城乡土地利用法规与政策的精神，城乡土地置换包括建设用地置换和城乡建设用地增减挂钩置换两种类型。其中，建设用地置换是指依据土地利用总体规划，将依法取得的农村零星分散、粗放利用的居民点进行撤并或将工矿废弃地进行拆除，进行复垦、验收等环节以增加耕地面积与规划为建设用地的农用地进行调整的行为，并保证建设用地面积不增加、耕地面积不减少；城乡建设用地增减挂钩置换是指依据土地利用总体规划，将若干拟整理复垦为耕地的农村建设用地地块（即拆旧地块）和拟用于城镇建设的地块（即建新地块）等面积共同组成建新拆旧项目区，通过建新拆旧和土地整理复垦等措施，在保证项目区内各类土地面积平衡的基础上，最终实现增加耕地有效面积，提高耕地质量，节约集约利用建设用地，城乡用地布局更合理的目标。

建设用地置换和城乡建设用地增减挂钩置换（城镇建设用地增加与农村建设用地减少相挂钩），二者在本质上相同，都是在区际对非农建设用地和农用地的等量等质互换，只是建设用地置换通过以地易地的折抵形式实现互换，城乡建设用地增减挂钩置换是通过挂钩周转指标的形式[1]。

三、城乡土地置换是实施主体功能区战略的基本保障

根据《全国主体功能区规划》（国发〔2010〕46号），我国整个国土空间被划分为四种不同类型的主体功能区，即优化开发区、重点开发区、限制开发区和禁止开发区。其中优化开发区是指国土开发密度已经较高、资源环境承载能力开始减弱的区域，如长三角、珠三角以及环渤海经济区域等；重点开发区域是指资源环境承载能力较强、经济和人口集聚条件较好

---

[1] 吴萍，李爱新，吴克宁，帅佳良，李芳颢.城乡土地挂钩置换的相关问题探讨[C].2009年中国土地学会学术年会论文集，2009-11-30：485-489.

的区域，如中原经济区、成渝经济区以及海峡西岸经济区等；限制开发区域是指资源承载能力较弱、大规模集聚经济和人口条件不够好并关系到全国或较大区域范围生态安全的区域，包括农产品主产区以及重点生态功能区，前者如东北平原主产区、黄淮海平原主产区、长江流域主产区等，后者如大小兴安岭森林生态功能区、三江源草原草甸湿地生态功能区等；禁止开发区域是指依法设立的各类自然保护区、文化自然遗产、风景名胜区、森林公园和地质公园等。按照《全国主体功能区规划》要求，限制开发和禁止开发区域要实施积极的人口退出政策，优化开发和重点开发区域要实施积极的人口迁入政策，鼓励限制开发和禁止开发区域人口到重点开发和优化开发区域就业并定居；对不同类型的主体功能区要实行差别化的土地利用和土地管理政策，实行地区之间人地挂钩政策，城市化地区建设用地的增加规模要与吸纳外来人口定居的规模挂钩，相对适当扩大或控制重点、优化开发区域的城镇化地区建设用地规模，减少或严禁限制、禁止开发区域的土地开发建设。在主体功能区规划背景下，限制、禁止开发区生态超载人口和农村剩余劳动力亟待转移到优化、重点开发区，必然导致不同类型主体功能区之间建设用地需求的差异，为此，以特定经济区域为半径，促进不同类型主体功能区之间土地开发权(建设用地指标)转移，是正确处理好人地关系的关键。

笔者根据国家发展改革委员会汇编的《全国及各地区主体功能区规划》(上、中、下)[1]，对全国2 800多个主体功能区基本单元的人口布局进行全面统计[2]，全国优化开发区常住人口18 219.68万人，重点开发区常住人口189 303.1万人，农产品主产区常住人口83 214.69万人，重点生态功能区常住人口37 576.41万人。而从人口分布与经济发展、环境资源相协调的角度进行分析，全国主体功能区常住人口均衡分布状态是：优化开发区常住人口18 219.68万人，重点开发区常住人口69 567.11万人，农产品主产区常住人口30 580.62万人，重点生态功能区常住人口13 808.98万人。为

---

[1] 国家发展改革委员会编.全国及各地区主体功能区规划（上、中、下）[M].民出版社，2015.

[2] 徐诗举.全国主体功能区人口分布状况分析[J].铜陵学院学报,2016(3): 7-11.

实现全国主体功能区常住人口均衡分布状态,理想人口迁移模式是:优化开发区常住人口总量保持相对稳定❶,重点开发区人口迁入量为 15 966.81 万人,农产品主产区和重点生态功能区人口迁出量分别为 9 384 万人和 6 582.76 万人。

从实施国家主体功能区发展战略的角度来看,主体功能区间人口的流动必然要引起区域间人地关系的失衡。城乡土地置换是实施主体功能区战略的基本保障或主要前提。

---

❶ 一些国家级优化开发区人口严重超载,同时一些省级优化开发区尚具有集聚一定人口的容量,优化开发区人口总量上大体稳定。

第三章 主体功能区视阈下城乡土地置换的理论基础

一、西方土地开发权理论及其启示

(一)西方土地开发权理论

城镇化与耕地保护之间的矛盾,是世界各国面临的问题。在国外,针对土地开发实行分区管理的缺陷,20世纪70年代兴起对TDR(土地开发权转让)的研究,Barrows 和 Prenguber(1975)[1]、Barrese(1983)认为分区管制政策在实现特定目标的同时,也使被规划为开发区内的土地所有者获得了非个人努力所带来的收益,而开发受限地区的所有者则面临着潜在的损失。Nickerson 和 Lynch(2001)[2]认为农地价格按照资产定价理论应当包括未来农业收益的折现和未来转为非农用地的价值,分区管制则是对后者的剥夺。Danner(1997)[3]认为 TDR 是一种财产权利,它可以从被设计为发送区的地块上分离出来,并转移到被定义为接受区的另一地块上使之获得更大的开发强度,发送区在出售或转让这种财产权利之后,通常会受到严格的开发限制。Tavares(2003)[4]、

---

[1] Richard L. Barrows. etc. Transfer of DevelopmentRights: An analysis of new land use policy Tool[J]. AmericanJournal of Agricultural Economics, 1975, 57(4): 549 - 557.

[2] Cynthia J. Nickerson & Lori Lynch. The Effect of FarmlandPreservation Programs on Farmland Prices[J]. American Journal of Agricultural Economics, 2001, 83(2): 341 - 351.

[3] John C. Danner TDRs—great idea but questionable value[J].The Appraisal Journal,1997, (4);133 - 142.

[4] António Tavares. Can the Market Be Used to Preserve Land? The Case for Transfer of Development Rights [C]. European Regional Science Association 2003 Congress, 2003.

Henger 和 Bizer（2008）[1]则认为土地开发权作为变更土地用途的权利，它可以从土地产权束中分离出来并让渡给他人。

西方土地开发权理论其实是对科斯定理的运用。西方土地开发权是赋予土地的一项建筑权利，其开发权大小可以用我国的开发强度、建筑密度等指标来量化，土地是土地开发权的载体，土地开发权可以独立于土地而存在，可以从一个地块（发送地）转移到另一个地块（接受地），土地开发权可以在市场交易，交易价格称为土地开发权价格。从空间规划效率和生态环境保护的角度出发，整个国土空间将依据一定的标准被划分为土地开发权的发送区（生态用地、农业用地）和接受区（居住用地、工业用地、商业用地），只要国家对土地开发权的初始归属界定是明确的，无论开发权利赋予在哪块土地上，通过市场自由交易，最终能够实现土地开发权的空间配置最优。

随着我国土地资源短缺问题日益严峻，分区管制政策的缺陷逐步显露，近年来土地开发权转让问题也受到了学界的关注。沈守愚（1998）[2]、刘国臻（2007）[3]、刘明明（2008）[4]等术论述了设立农地开发权对理顺集体土地的产权关系和有效保护耕地的重要意义，呼吁借鉴 TDR 政策取代传统的分区管制政策。2000 年以来，全国各地纷纷进行土地开发权改革试点，最典型的是浙江嘉兴的"两分两换"（用宅基地换城镇住房，用承包经营地换社会保障）、天津的"宅基地换房"、成都的"三集中"（工业向集中发展区集中，农民向城镇集中，土地向承包经营户集中）和重庆的"地票交易"等，谭峻、戴银萍（2004），[5]汪晖、陶然（2009），[6]尹珂、肖轶

---

[1] Ralph Henger and Kilian Bizer. Tradable Planning Permits for Land-use Control in Germany [C]. oettingen：Land Use Economics and Planning Discussion Paper, 2008: 01-08.

[2] 沈守愚. 论设立土地发展权的理论基础和重要意义 [J]. 中国土地科学, 1998（1）.

[3] 刘国臻. 房地产老板之暴富与土地发展权研究 [J]. 中山大学学报（社会科学版）, 2007（3）.

[4] 刘明明. 土地发展权的域外考察及其带来的启示 [J]. 行政与法, 2008（10）.

[5] 谭峻, 戴银萍. 浙江省基本农田易地有偿代保制度个案分析 [J]. 管理世界, 2004（03）.

[6] 汪晖, 陶然. 论土地发展权转移与交易浙江模式——制度起源操作模式及其重要含义 [J]. 管理世界, 2009（08）.

（2011）❶等从不同角度，分别对上述试点情况进行了评价。

（二）西方土地开发权理论对我国的启示

1. 主体功能区是土地开发权的发送区和接受区划分的依据

主体功能区规划主要依据环境资源承载力、土地开发强度和经济发展水平等指标来界定区域差异，并以此确定不同区域的主体功能定位和发展方向。按照主体功能区规划要求，对优化开发区域实行更严格的建设用地增量控制，适当扩大重点开发区域建设用地供给，严格对限制开发区域和禁止开发区域的土地用途管制，严禁改变生态用地用途。显然，主体功能区规划实际上是规定了"让哪些区域开发"与"不让哪些区域开发"，是土地开发权在空间上的再分配。在保证既定的耕地和生态用地面积的前提下，增加一些地区的建设用地面积，就必须相应减少其他一些地区的建设用地面积。限制开发区和禁止开发区的主要功能是发展农业和保护生态环境，必须转移农村剩余劳动力和环境超载人口，从而减少农村建设用地面积，以增加耕地和生态用地面积；重点开发区和优化开发区是主要的城镇化地区，是人口与经济的集聚区，需要增加建设用地面积。因此，主体功能区规划是不同类型主体功能区之间的土地开发权转移，实质是要求土地开发权从限制、禁止开发区（农产品主产区和生态功能区）转移给重点、优化开发区（工业化和城镇化地区），其中主要转移给重点开发区，少量转移给优化开发区。因此，主体功能区规划其实就是将限制开发区、禁止开发区作为土地开发权的发送区，将优化开发区、重点开发区作为土地开发权的接受区。

2. 农村土地开发权转移要与农村人口迁移相协调

在主体功能区建设背景下，为了缩小区域间收入差距、转移农村剩余劳动力和降低生态功能区的超载人口压力，决定了农村土地开发权与人口必须并流，即土地开发权由限制开发区（乡村地区）转移到重点开发区（城镇化地区），要求人口也随之同向流动。首先，是缩小地区间人均收入差

---

❶ 尹珂，肖轶. 农村土地"地票"交易制度绩效分析——以重庆城乡统筹试验区为例 [J]. 农村经济，2011（02）.

距的需要。我国限制禁止开发区主要分布在中西部地区，本来人均收入就低，随着主体功能区建设的推进，限制、禁止开发区域在全国范围内所占GDP的份额会进一步下降，导致经济总量与人口规模极不匹配，只有降低限制、禁止开发区人口比重，才能防止不同类型主体功能区之间人均收入水平和生活条件的差异进一步加剧。其次，是实现环境承载能力与人口相匹配的需要。我国地势西高东低，西部地区生态脆弱，主要江河均发源于西部高原和山区，一些作为全国或区域性的生态屏障地区人口超载严重，过度的人类活动是导致我国生态环境恶化的主要原因之一，因此必须对重要的生态功能区实行生态移民。最后，是实现劳动力资源在空间优化配置的需要。一方面，我国重要的农产品主产区都是人口稠密地区，随着农业生产效率的提高，产生了大量的农村剩余劳动力亟待转移；另一方面，重点开发区将成为我国未来的新的经济增长极，需要吸纳大量的劳动力资源。因此，必须促进农产品主产区的剩余劳动力向重点开发区转移，实现劳动力资源在空间上优化配置，提高劳动力的使用效率。

虽然重点开发区和优化开发区都是城镇化地区，但是目前一些重点开发区人口承载力相对较强，优化开发区人口承载力已经趋于饱和，未来应重点引导生态功能区的超载人口和农产品主产区的剩余劳动力流向重点开发区。主体功能区建设背景下的人口流向应该与土地开发权转移的方向是一致的。

二、我国农地"二元"产权理论及其现代意义

（一）农地产权相关文献综述

我国农地产权制度改革滞后，土地承包经营权、宅基地使用权等农地要素无法变现，严重影响了城镇化发展的质量。按照常住人口计算的城镇化率，我国的城镇化率从1978年的18%上升到2014年的54.77%，超过了世界上所有国家的城镇化速度。但是，按照户籍人口计算城镇化率，目前城镇化率只有30%多，距离真正意义上高质量的城镇化还有不小的差

距[1]。关于农村产权制度问题的研究,国外文献主要集中在土地所有权与经营权关系的研究。例如,亚当·斯密(1776)[2]主张所有权与经营权合一,认为租佃制会阻碍租佃农户对土地改良的投入;John Stuart Mill(1848)[3]认为所有权与经营权可以分离,因为稳定的租佃权可以弥补租佃制的弊端;Theodore W.Schultz(1964)[4]认为建立所有权和经营权合一的适度规模的家庭农场能够提高农业生产效率。国内文献则偏重于农村土地所有制性质的研究。例如,魏正果(1989)[5]主张农地国有化,就是国家拥有农地的最终所有权,农户占有和使用农村土地并依法缴纳租税;杨小凯(2002)[6]主张农地私有化,认为农地私有化不会导致贫富分化,且有利于减少社会纠纷和稳定地方财政;迟福林(2001)[7]则坚持农地集体所有制,倡导继续稳定家庭联产承包责任制,并赋予农民长期而有保障的土地使用权。然而,从我国实践来看,公有土地实行所有权与经营权合一无疑是倒退,土地私有化也不是提高生产效率的最佳或唯一途径,而建立长期稳定的承包经营关系在特定时期提高了农户的积极性。不同国家以及同一国家的不同历史时期,都需要与之国情相适应的农地产权制度设计。

(二)现行农地产权制度特征

我国现行农地产权制度特征主要表现在以下两个方面:

1. 农地集体产权是不完整产权

《宪法》第十条规定,"农村和城市郊区的土地,除由法律规定属于国家所有的以外,属于集体所有;宅基地和自留地、自留山,也属于集体所

---

[1] 冯蕾.户籍人口城镇化率 [N].光明日报,2015-11-3 (04).

[2] 亚当·斯密.国民财富的性质和原因的研究 [M].北京:商务印书馆,2005

[3] John Stuart Mill , Principles of Political Economy with some of their Applications to Social Philosophy[M].London: John W. Parker, West Strand Press, 1848.

[4] Theodore W. Schultz, Transforming Traditional Agriculture[M].New Haven: Yale University Press, 1964.

[5] 魏正果.我国农业土地国管私用论 [J].中国农村经济,1989(5).

[6] 杨小凯.中国改革面临的深层问题——关于农村土地改革 [J].战略与管理,2002(5).

[7] 迟福林.赋予农民长期而有保障的土地使用权 [J].中国农村经济,1999(3).

有。"因此，除了法律特殊规定外，农地产权属性是单一的集体所有制。同时规定"国家为了公共利益的需要，可以依照法律规定对土地实行征收或者征用并给予补偿。任何组织或者个人不得侵占、买卖或者以其他形式非法转让土地。土地的使用权可以依照法律的规定转让。"《土地法》第四条规定，"国家实行土地用途管制制度。国家编制土地利用总体规划，规定土地用途，将土地分为农用地、建设用地和未利用地。严格限制农用地转为建设用地，控制建设用地总量，对耕地实行特殊保护。"完整的产权应当包括占有、使用、收益、处置等四项基本权能，农村集体组织及个人无权改变土地的用途，即无权将农用地转变为建设用地，也不能进行产权转让，只是使用权或者承包经营权的转让。与城镇国有土地产权相比，农地集体产权是受限制或者不完整产权。近些年来，由于农地产权制度改革严重滞后于城镇化进程，造成我国农村土地大量闲置，土地资源利用效率低下。

2. 现行的农地集体产权是与户籍挂钩的产权

《土地法》第十条规定，"农民集体所有的土地依法属于村农民集体所有的，由村集体经济组织或者村民委员会经营、管理；已经分别属于村内两个以上农村集体经济组织的农民集体所有的，由村内各该农村集体经济组织或者村民小组经营、管理；已经属于乡（镇）农民集体所有的，由乡（镇）农村集体经济组织经营、管理。"因此，按照集体成员范围大小，农村土地的所有者主体包括乡（镇）农民集体、村农民集体、农村集体经济组织的农民集体三级，与其对应的三级经营管理主体是乡（镇）农村集体经济组织、村集体经济组织或村民委员会、农村集体经济组织或者村民小组。根据各地对农村集体经济组织成员的认定办法，一般对本集体经济组织成员有户口迁出的认定其成员资格丧失，需及时注销成员名单。《宪法》第八条规定，"农村集体经济组织实行家庭承包经营为基础、统分结合的双层经营体制。"现在不同农村集体组织下的农户承包的耕地面积悬殊较大，原因大致有两个方面：一是因为农村耕地初始分配不均衡导致。由于我国农村集体组织土地的初始分配是按照自然人口分布就近划分的，农村集体组织人均农地的占有量与人口密度相关。计划体制下，农村集体土地所有权分别属于人民公社、大队和生产队三级所有，但是农用土地主要属于生产队所有，即通常所说的"三级所有、队为基础"。现在的乡镇、村和村民小组是由计划体制下的人民公社、大队、生产队演进而来的。村民小组是农村主要的集体经济组织。因此，在土地分配初始阶段，各个农村集体组织人均占有农地就不同。二是因为长期以来农村集体土地产权被固化在生产队或村民小组的户籍人口内，为了维护农村集体既得土地利益，尽管公社或乡镇、大队或村委会等行政区域范围经常变化，但是生产队或村民小组的自然地域空间一般不会调整。由于婚丧嫁娶、生育、迁移等因素，各个农村集体经济组织成员人口增减情况不一，在农地面积固定的情况下，各个集体经济组织（主要是村民小组）人均占有农地面积就会发生变化。因此，农地集体产权与户籍挂钩，客观上导致农户人均占有耕地面积差异较大。

（三）现行农地产权制度的负面效应

现行农地产权制度引发"户籍人口迁移悖论"，造成农村宅基地大量闲置，严重制约了农地规模化经营。具体表现为以下几点。

1. 在人口流动过程中，引发"户籍人口迁移悖论"

农村"户籍人口迁移悖论"是指随着农村户籍人口向城镇迁移，农村集体组织成员减少，留下的农户预期自己在第三轮承包期内享有"三权"份额会增加，导致农村户籍向城镇迁移意愿越来越低。为鼓励人口向城市迁移，提高户籍人口城镇化率，防止农民权益受到侵犯。2014年7月30日公布的《国务院关于进一步推进户籍制度改革的意见》强调，要切实保障农业转移人口及其他常住人口合法权益，现阶段，不得以退出土地承包经营权、宅基地使用权、集体收益分配权等"三权"作为农民进城落户的条件。现阶段，对退户农民"三权"的维护，实际上是对农地产权制度改革滞后的临时性应对措施。但是，各地离第二轮土地承包期结束仅10年左右，在第三轮承包办法没出台的情况下，农户预期保留农村户籍就可以在第三轮承包期内继续享有"三权"，如果失去农村户籍，可能意味着在第三轮承包期内不能继续享有"三权"，而且农地等集体资产是相对稳定的，随着其他农户或村民户籍移出，农村集体组织成员减少，未来享受"三权"份额还会增加。目前正在推进统一城乡户籍制度改革，全面推行流动人口居住证制度，居住证的福利功能在逐步增加，除了"北上广"等一线城市外，一般中小城市户籍对农民已经没有吸引力。在现行农地集体产权是与户籍挂钩的产权制度下，随着乡村人口不断向城市迁移，农村集体成员数量减少，农户迁移意愿会越来越低。因此，导致我国户籍人口城镇化率低的原因，不仅在于大城市户籍门槛高，更因为农民的户籍迁移意愿低。根据《土地管理法》第六十三条规定："农民集体所有的土地的使用权不得出让、转让或者出租用于非农业建设。"每个农户只能申请一处宅基地，且宅基地使用权不能向本村以外转让。随着农村人口不断向城市流动，农村宅基地闲置现象愈加严重。例如，"十二五"末期，安徽全省农村户籍人口为5 031.15 万人，农村常住人口仅为 3 041.08 万人[1]，全省农村居民点用地为1 504 万亩，人均约 190 平方米，如果按照新农村建设人均上限标准 120 平方米测算，存在闲置宅基地 600 多万亩[2]。

2. 在农地流转过程中，出现农地规模化经营水平不高

我国人多地少矛盾较为突出，人均耕地面积仅为世界平均水平的 40%，迫切需要进行土地制度创新，盘活农村闲置土地资源，提高土地资源使用效率。促进农村人口移出和农地规模化经营是解决"三农"问题的关键。我国农村人口多，农业劳动者人均占有耕地面积少，是农民收入低和城乡差距大的主要原因。例如，2007 年我国人均耕地面积（0.09 公顷，1 公顷=10000 平方米，全书同）比韩国和日本（0.03 公顷）多，但是，农业劳动者人均占有的耕地面积（0.4 公顷）比日本（2.5 公顷）和韩国（1.1 公顷）少，甚至比印度（0.6 公顷）还少。而同期发达国家平均农业劳动力人均耕地面积达到 42.5 公顷，中高收入国家平均是 5.8 公顷[3]。在现行农地产权制度条件下农地流转，并不能实现农地规模化经营。首先，家庭承包经营使农村耕地碎片化，不利于土地集中连片规模化经营。其次，《农村土地承包经营权流转管理办法》规定土地流转期限不得超过承包期的剩余期限，很多地方距本轮承包期结束不到 10 年，不利于农地长期投资，不利于吸引有

---

[1] 中安在线: http://ah.anhuinews.com/system/2016/03/24/007275568.shtml

[2] 安徽省国土资源厅网站:
http://www.ahgtt.gov.cn/news/show.jsp?row_id=2009090000004666

[3] 郭熙保，白松涛. 农业规模化经营：实现"四化"同步的根本出路 [N]. 光明日报，2013-2-8（11）.

资金和管理实力企业投资，农村土地承包经营权流转主要在农户之间，很少是专门从事农业生产经营的组织，流转手续比较随意，导致流转纠纷多，流转规模受限。

3. 在土地征收和整治过程中，造成农民土地权益容易被侵害

农民土地权益受到侵害主要表现在两个方面：一是土地征用过程中，农地补偿标准过低。《宪法》第十条规定，"国家为了公共利益的需要，可以依照法律规定对土地实行征收或者征用并给予补偿。"但是集体土地的补偿标准一般是按照每亩平均产量的倍数进行计算的，补偿标准远远低于土地的市场价格，与国有土地不能同地同价。因为长期受到"涨价归公"思想的影响，集体土地被征用以后，政府按照数倍于农民的补偿标准取得土地出让金，构成地方土地财政的主要收入来源，且大部分由于城市建设，失地农民对此严重不满，一些地方因强征、强拆而引发恶性社会事件。二是在农村土地整治和土地置换过程中，为了片面追求城市建设用地指标，不切实际减少农民新建宅基地指标，逼农民上楼。例如，某省《农村宅基地管理办法》规定，农户宅基地（包括附属用房及庭院用地）的用地面积限额为：三人及三人以下的农户75平方米以内，四人的农户100平方米以内，五人的农户110平方米以内，六人及六人以上的农户125平方米以内。众所周知，农户住宅除了生活居住功能以外，还有仓储粮食、堆放农具、种子、肥料等用途，宅基地除了用以建设居住性房屋以外，还有鸡舍、猪圈、宅院、草垛等用地，农村宅基地面积标准过低，显然不符合农村实际。

（四）农地"二元"产权理论及其现代意义

只有改革现行农地产权制度，才能提高城镇化发展的质量，促进农地规模化经营和有效保护农民土地权益。为此，本文提出建立农村土地"二元"产权制度的设想。农村土地"二元"产权制度是指在坚持农地集体所有制的基础上，摒弃农村土地归集体"一元"所有的传统思想，将继续留在农村的农户的宅基地、承包地界定为集体所有，将进城落户家庭自愿退出的宅基地、承包地界定为国家所有，打破单一的农地集体所有的农村土地所有制格局。建立农村土地"二元"产权制度的意义主要体现在以下几个方面。

1. 有利于消除"户籍人口迁移悖论"

若将退户农民自愿退出的宅基地、承包地界定为国家所有,而不是限定为退户农民所在的原集体所有,就会消除未退户农民在第三轮承包期中享有"三权"份额增加的预期,从而降低农村户籍人口迁移的黏性,促进户籍人口城镇化率。

2. 有利于农地规模化经营

若将退户农民自愿退出的"国有农地"由乡镇一级政府管理,并由政府直接将农地经营权有偿出让给规模经营户耕种,从而不改变耕地总量和土地性质。由政府与规模经营户之间签订稳定土地经营合同,可以突破现有农户土地承包期限的限制,有利于鼓励长期投资,实现农地规模化经营效率。必须指出的是,政府与规模经营户之间关于"国有农地"经营合同关系不同于目前的农村土地承包经营合同关系,前者是一种关于农地的纯粹的商业化经营关系,后者则赋予农村土地更多的社会保障职能。

3. 有利于保护农民权益

若将退户农民自愿退出的土地划归国有,则由政府出资对退地农民进行补偿,既能解决退地农民补偿资金问题,保障退地农户利益,又能提高退地积极性,提高城镇化质量。为此,建立专项的政府农地周转基金,收入主要来自财政"国有农地"储备投资、"国有农地"经营权出让收入、"国有农地"征收补偿金等,主要用于对退地农民进行补偿。对转户居民自愿退出宅基地使用权及农房的,参照同时期区县征地政策对农村住房及其附着物给予一次性补偿,并一次性给予宅基地使用权补偿及购房补助。对自愿退出承包地的,按本轮土地承包期内剩余年限和同类土地的平均流转收益给予补偿。另外,建立"国有农地"产权制度,有利于缓解直接对农户征地的冲突。对于城镇建设规划范围内的"国有农地"进行直接征收,即政府直接改变农地用途,将"国有农地"转为城镇建设用地;对于在城镇规划范围内的集体农地征收,可以通过"国有农地"与被征用集体农地之间的互换形式,即通过一定的面积和质量的互换,将"国有农地"转换为集体农地,让一些集体所有土地被征地的农户继续耕种。保留"国有农地"给政府推动城乡土地置换提供了机动性、可调控的后备土地。

三、主体功能区人口均衡理论及其启示

（一）主体功能区人口均衡理论

主体功能区人口均衡是指区域间人口规模、经济总量与环境资源承载力相互协调。若GDP表示经济总量，RKC表示人口资源环境承载能力，RGM表示人口规模，m表示限制、禁止开发区，n表示优化、重点开发区。则$GDP_m/RGM_m=GDP_n/RGM_n$，反映人口布局与经济集聚相协调；$RKC_m/RGM_m=RKC_n/RGM_n$，反映人口布局与环境资源承载力相协调。因此，政府应当积极采取措施，引导限制、禁止类开发区域人口向重点、优化类开发区域流动。目前已经制定和执行的一些针对大型重点建设工程的移民政策，不能适用于主体功能区人口流动政策。例如，三江源生态移民主要是政府出面的整建制搬迁，依赖异地农业安置和现金补偿政策。异地农业安置显然不符合主体功能区建设人口流向要求，而是应当引导人口流向重点、优化类开发区域。主体功能区之间人口流动涉及范围广、人口流动规模大，完全依靠政府提供现金补偿，显然超出了政府财政的承受能力。另外，必须慎重考虑的是，限制、禁止类开发区域很多都是少数民族人口集聚的地方，政府强制性的整建制搬迁，可能会与民族自治等方面的法律法规相冲突，甚至会引发民族矛盾和社会不稳定问题。笔者认为，主体功能区建设与形成是一个循序渐进的过程，不可能一蹴而就。因此，限制、禁止类开发区域人口向重点、优化类开发区域流动不能操之过急，必须坚持"市场机制为基础，政府调节为主导"的原则，逐步消除阻碍劳动力流动的制度或体制障碍，促进全国范围内劳动力市场的形成，有利于劳动力跨区域流动。必须积极发挥政府的主导作用，积极利用财政政策，引导人口向目标功能区合理流动。

（二）主体功能区人口均衡理论的启示

1. 促进人口自由流动

全国劳动力市场形成的主要制度或体制性障碍包括户籍制度改革滞后、社会保障统筹层次过低、农地流转制度不健全等。因此，必须消除上述制

度或体制因素,促进全国劳动力市场的形成。

(1)改革户籍制度。我国目前是世界上少数保留户籍制度国家之一,户籍制度不仅阻碍劳动力地区迁移,还阻碍劳动力在城乡之间流动。2005年,我国农民工人数为12 578万人❶,由于户籍制度的限制,不能成为当地真正居民,农民工在为发达地区城镇创造税收的同时,农民工本人及其家属不能享受当地居民相同的教育、医疗、住房、社会保障等基本公共服务,导致劳动人口与赡养、抚养人口出现空间分离,中国特有的春运人流高峰,农村"留守儿童"和农村"空巢老人"等都是因为这种不合理的户籍制度所付出的高昂社会代价。改革户籍制度难以一步到位,应遵循循序渐进原则,分清轻重缓急,当前重点解决进城务工人员及其家属定居落户问题,从根本上消除我国目前城市在就业、教育、住房和社会保障等方面的歧视性政策。

(2)提高社会保障统筹层次。目前,我国社会保障制度统筹层次过低,很多地方都是以县(市)为统筹单位,不仅难以分散社会保障风险,而且阻碍了劳动力异地就业和跨区域流动。按照国际经验,一般是全国统筹比较合理。考虑到养老保险待遇与就业或缴费年限直接挂钩,当前应当重点着手研究制定基础养老金全国统筹方案,做好职工基本养老保险关系转移接续工作。

(3)促进农村土地承包经营权流转制度改革。2005年农业部颁布的《农村土地承包经营权流转管理办法》规定,农村土地承包经营权流转期限不得超过承包经营权剩余期限,我国第二轮土地承包基本上是从1996年左右开始的,耕地的承包经营期限是30年,也就是说,第二轮土地承包经营权剩余期限平均只有10年左右,剩余期限越来越短,这实际上不利于土地经营权承包人或受让人对土地的投入,限制了土地使用权流转。因此,建议赋予农民永久性土地承包经营权,以促进土地承包经营权流转。各级财政应加大资金投入,改善交通、水利等基础设施。政府要鼓励土地规模化经营,并为土地承包经营权转入方提供信贷、技术、信息、税费政策等方面的支持。

---

❶ 袁喜禄.我国区域发展不协调的实质[J].中国经贸导刊,2006(11).

2. 促进限制、禁止类开发区域人口流出

限制、禁止类开发区域人口流出，主要通过三种形式：一是组织、引导当地农民流向重点、优化类开发区域的城镇务工；二是提高当地高考升学率，让更多青年人通过接受高等教育形式，走向城市；三是对一些需要采取特殊保护措施的禁止开发区域，实施整建制搬迁。财政政策必须有利于促进限制、禁止类开发区域劳动力向目标区域流动，有利于促进基础教育质量和高考升学率的提高，为做好非自愿移民安置工作提供必要的资金支持。

（1）促进劳动力向目标区域流动。上级政府对限制、禁止类开发区域的财政补助要与当地劳动力输出情况紧密挂钩，对组织劳务输出活动提供必要的资金支持，引导、促进人口外流。限制、禁止类开发区域政府人力资源管理部门，应根据当地劳动力传统上的主要流向以及国家区域发展政策等，选择劳动力输出的"目标区域"，并在"目标区域"设立就业联络机构，为本地居民提供就业服务，同时搜集就业信息并及时反馈到本地政府人力资源管理部门。本地政府人力资源管理部门向当地居民及时公布就业信息，并接受居民咨询，为其提供就业指导，并结合具体职业和岗位需求情况，对农民提供免费的职业培训，以提高其就业竞争能力。

（2）提高基础教育质量。财政要加大对限制、禁止类开发区域基础教育投入。限制、禁止类开发区域基础教育质量的提高，一方面提高当地新生劳动力文化素质，有利于提高其就业竞争能力，促进劳动力向外流动。另一方面，高等教育已经逐步迈向大众化阶段，这必将有利于提高这些区域的高考入学率，让更多青年通过接受高等教育方式，离开草原和山区，走向城市。随着农村劳动力人口不断流出，一些地方农村中小学生源日趋萎缩，农村基础教育面临的矛盾，是由过去的数量不足，转变为质量不高。因此，限制、禁止类开发区域，应当把重点放在提高教学质量上，逐步缩小城乡教育质量上的差距。财政要加大对限制、禁止类开发区域的基础教育投入力度，重点放在做好学区整合，改进教学设施，改善教学条件，提高教师待遇，使一些教学水平高的教师能够引进来、留得住。

（3）做好非自愿移民安置工作。对一些生态环境恶化严重或者由于其他原因需要紧急移民，以便采取特殊保护措施的禁止开发区域，可以采取

生态移民政策，财政必须提供一定的生态补偿资金。这类移民一般会涉及众多非自愿移民问题，为了避免出现生态难民，维护社会稳定，政府应灵活采用多种移民补偿方案，供当地居民结合各自不同情况，自行选择。针对一些就业能力较强的青壮年居民，主要提供就业培训和适当的异地就业补贴，鼓励其进城务工；对老年人主要提供适当的养老、医疗等社会保障待遇，以保证其老有所养；根据需要，选择一定数量居民，对其进行必要的培训，让其留在原地，进行生态与旅游景点维护工作；对一些习惯于传统生产与生活方式的居民，在不超过生态环境承载力的情况下，也可以就近选择适当的移民安置点，实施移民搬迁。

3. 提高优化、重点类开发区域人口接纳能力

为了提高优化、重点类开发区域接纳人口能力，让外来务工人员进的来、稳得住，成为真正的居民，财政政策主要应做好两个方面工作：一是要增加城市基本公共服务供给数量，保证外来务工人员能够享受当地居民相同的基本公共服务；二是加强对"一类城市"周边卫星城镇建设，缓解城市中心交通、环境压力，降低房价，增加投资与就业。

（1）增加城市基本公共服务投入。目前，重点、优化开发区域城市基本公共服务突出矛盾表现为数量供给不足，导致基本公共服务上的歧视性政策。财政要增加对住房、教育、公共卫生、社会保障等投入，提高吸纳限制、禁止类开发区域人口的能力。以基础教育为例，首先，将目前的"农民工子弟学校"纳入公办学校系列，使其在财政拨款、教师编制等方面享有同公立学校同等待遇；其次，取消当前"盛行"的择校费，让农民工子女就近入学。

（2）加强对"一类城市"[1]周边卫星城镇建设。目前优化、重点类开发区域的"一类城市"，存在人口膨胀，交通拥挤，环境污染，房价过高等严重问题。尤其是房价过高，将会抑制人口流入。因此，应当借鉴日本针对"过密"地区的政策，加强对"一类城市"周边基础设施建设，实施"据点式"开发，加强卫星城镇建设，促使人口与工业投资向其周边地区分散，缓解"一类城

---

[1] 一般包括直辖市、特别行政区以及GDP大于1600亿且市区人口大于200万的城市。2009年全国"一类城市"有北京、天津、沈阳、大连、哈尔滨、济南、青岛、南京、上海、杭州、武汉、广州、深圳、香港、澳门、重庆、成都、西安等18个。

市"中心区域的交通、污染以及房价过高的压力,同时将促进"一类城市"周边开发的土地政策、财税政策等与吸纳外来就业人数挂钩,鼓励其吸纳人口流入的积极性。

四、"多规合一"改革理论及其启示

(一)"多规合一"理论的内涵及特征

"多规合一"是对国民经济与社会发展规划、城乡建设规划、土地利用规划、环境保护规划等规划的协调工作,对于解决空间规划自成体系、内容冲突、缺乏衔接协调等突出问题,强化政府空间管控能力,充分发挥规划对空间资源配置的引领和调控作用,优化空间开发模式,提高工程项目行政审批效率,实现国土空间集约、高效、可持续利用,促进经济社会与生态环境协调发展具有重要意义。"多规合一"就是一个协同过程,需要各部门统一思想,主动作为。全国范围都处在试点和摸索阶段,没有固定模式可循,各个部门对其有着不同理解,对一些问题存在较大的争议,增加了"多规合一"改革难度。"多规合一"具有如下特征:(1)具有统领性空间发展战略规划。科学的城市总体发展规划是对城市经济、社会、环境的发展所做的全局性、长期性、决定全局的谋划和规划,是绘制一张发展蓝图和建立一套控制管控体系的战略引领和依据。(2)空间基础数据完备。加强数据库建设、系统设计与信息平台软件开发是"多规合一"改革关键环节。需要规划、国土、发改、环保等职能部门管理规划成果及审批业务的信息系统建设质量较高,且各部门之间基础数据坐标统一,各部门空间管理数据精度高。(3)各类规划相互协调。各类规划之间的法律依据、规划期限要相互一致,规划之间没有交叉重叠和相互冲突问题。(4)建立有效的行政协调机制,工程项目审批流程简化高效,部门之间工作有效协同,资源配置利益最大化,城市空间得到很好的优化。

(二)"多规合一"理论对城乡建设用地置换的启示

1. 扎实城乡土地置换工作基础

要扎实做好城乡建设用地置换的基础工作,具体包括:(1)统一基础空间数据，统一城市发展目标定位，统一空间管控蓝图，建立覆盖全域的空间管控体系；（2）明确城市增长边界、永久基本农田控制线、生态红线、重点项目建设控制线、地质灾害高发区控制线。

2. 简化城乡土地置换项目行政审批程序

当前应当精简行政审批事项，进行审批流程再造，实行并联审批，改善整个城乡土地置换工作环境，保证各部门规划编制、实施、管理及更新过程中的有效衔接，提高行政运行效率和公共服务水平。具体工作要点包括：（1）减少审批事项。在城乡土地置换项目审批过程中，一律取消没有明确法律依据的行政审批事项。（2）优化审批流程。按照"一窗受理、同步审批、限时办结、统一送达"的原则，将工程项目审批事项，划分为用地立项、工程规划、施工、竣工验收四个阶段，推行并联审批。

3. 加强城乡土地置换的制度建设

为保证城乡土地置换有序推进，必须要完善法律规章制度，明确工作职责，规范工作流程。（1）健全办事规章。按照深化行政审批制度改革的要求，以统一的信息联动平台为技术支撑，创新政府管理方式，建立一套统一的建设项目审批与规划用地管理的规章制度。（2）建立监管和责任追究制度。各相关部门要进一步明确监管责任，建立事中事后监管制度和审批事项责任追究制度，实现监管责任全覆盖，解决"重审批、轻监管"问题。（3）研究法律制度创新。充分利用地方立法权力，探索城乡土地置换立法，使其成果法制化，保持规划的连续性，增强规划的权威性。

4. 合并城市规划部门与土地管理部门

当前，机构重复设置、政府部门职能交叉重叠现象依然存在，部门之间摩擦和掣肘现象时有发生，在一定程度上增加了协调难度，降低了行政审批效率。城市规划部门与土地管理部门之间工作职能相近、工作内容重复交叉较多，从上海、广州、武汉、沈阳、佛山等地经验来看，将城市规划部门与土地管理部门合并或进行联合办公，有利于提高行政审批效率。

第四章 皖江城市带主体功能区间土地置换潜力分析

本章以皖江城市带区域为例，以常住人口居民点及工矿用地均衡为假设前提，即区域间建设用地占用面积应与常住人口数量完全正相关，以居民点及工矿用地替代建设用地，用以测算皖江城市带限制开发区与重点开发区之间城乡土地置换潜力。

一、皖江城市带主体功能区规划情况

皖江是对长江安徽段的简称，皖江地区泛指安徽境内沿长江两岸地区。2010年国务院批复《皖江城市带承接产业转移示范区规划》，示范区规划范围包括合肥、芜湖、马鞍山、铜陵、安庆、池州、滁州、宣城八市全境和六安市金安区、舒城县，共58个县（市、区），土地面积7.6万平方千米，辐射安徽全境，连接上海、江苏、浙江三省（市），在中西部承接产业转移中具有重要的战略地位。近些年，通过行政区划调整，为合肥实现环湖（巢湖）发展，马鞍山、芜湖、铜陵三市实现跨江发展提供了空间❶。2016年合肥、马鞍山、芜湖、铜陵、池州、安庆、滁州和宣城等8个皖江城市纳入《长江三角洲城市群发展规划》，为皖江城市带加强与沿海强省（市）实现资源优势互补、产业分工协作、城市互动合作创造了重要条件。皖江城市带处于江淮腹地，具有承东启西、连南接北的独特地位，区域内长江黄金水道、快速铁路、高速公路等综合交通体系比较完善，交通区位优势明显；产业基础良好，配套能力较强，先进制造业、新能源、新材料等产业的自主创新特色愈加鲜明，文化、教育、科技领域发展潜力较大，

---

❶ 根据"国函〔2011〕84号"，国务院同意撤销原地级巢湖市，设立县级巢湖市由合肥市代管，无为县划归芜湖市管辖，含山县、和县划归马鞍山市管辖。根据"国函〔2015〕181号"，国务院同意将安庆市枞阳县划归铜陵市管辖。

第四章 皖江城市带主体功能区间土地置换潜力分析

与江苏、浙江、上海等国内经济发达省（市）历史上人文、经济等领域交流互动较多，具有很好合作前景；劳动力、土地、水、矿产等资源丰富，生产成本较低，环境资源承载能力较强，生态环境优良，宜业宜居。2015年规划区年末户籍总人口3 105万人，地区生产总值14 953亿元，财政收入2 616亿元，分别占安徽省的45%、68%和65.2%；实现城镇化率57.5%，超出全省城镇化率（50.5%）7个百分点；城镇常住居民人均可支配收入29 898元，超出全省城镇常住居民人均可支配收入（26 936元）2 962元；农村常住居民人均可支配收入12 486元，超出全省农村常住居民人均可支配收入（10 821元）1 665元。示范区建设取得积极成效，阶段性目标基本实现，各项指标都提前或超额完成了规划任务。但是，皖江城市带产业结构尚待进一步优化调整，体制机制有待完善，资金、技术、人才等要素支撑条件和交通、能源、水利等基础设施还难以满足国家中部崛起战略、长江经济带发展规划、长江三角洲城市群发展规划等国家重大战略规划的发展需求。为此，安徽省人民政府印发《皖江城市带承接产业转移示范区规划（修订）》的通知（皖政〔2016〕100号），在皖江城市带现有规划实施基础上进行修订，规划展期至2020年，远景目标展望至2025年。具体规划指标参见表4-1。

表4-1　2020年皖江城市带承接产业转移示范区主要规划指标

指标	单位	2015年	2020年
地区生产总值	亿元	14 953	24 500
财政收入	亿元	2 616	3 800
城镇化率	%	57.5	63.5
非农产业增加值占地区生产总值比重	%	92.2	93
规模以上工业增加值中开发区所占比重	%	72.6	77
亿元以上省外投资项目到位资金	亿元	5 892	8 200

续表

指　标	单　位	2015 年	2020 年
实际利用外商直接投资	亿美元	95.2	135
进出口总额	亿美元	417.7	500
研发经费占地区生产总值比重	%	2.4	2.6
高新技术产业增加值占地区生产总值比重	%	20.5	21
城镇常住居民人均可支配收入	元	29 898	43 000
农村常住居民人均可支配收入	元	12 486	20 000
每年城镇新增就业人数	万人	38	44
城镇职工基本养老保险参保人数	万人	520	560
职业教育在校学生规模	万人	84.5	90
单位地区生产总值能耗下降	%	6.7	完成国家下达目标任务
万元工业增加值用水量	吨	35.6	28
城市污水处理率	%	90.5	98
细颗粒物（PM2.5）	微克/立方米	55.1	完成国家下达目标任务

资料来源：《皖江城市带承接产业转移示范区规划（修订）》

根据国务院印发《全国主体功能区规划》的通知（国发〔2010〕46号），皖江城市带属于国家级重点开发区江淮地区，该区域位于全国"两横三纵"城市化战略格局中沿长江通道横轴，包括安徽省合肥及沿江的部分地区。该区域的主体功能定位是：承接产业转移的示范区，全国重要的科研教育基地，能源原材料、先进制造业和科技创新基地，区域性的高新技术产业基地。具体规划目标或发展任务包括：构建以安庆、池州、铜陵、巢湖、芜湖、马鞍山沿江六市为发展轴，合肥、芜湖为双核，滁州、宣城为两翼的"一轴双核两翼"空间开发格局；提升合肥中心城市地位，完善综合服务功能，建设全国重要的科研教育基地、科技创新基地、先进制造业基地和综合交通枢纽；培育形成沿江发展带，壮大主要节点城市规模，推进芜湖、马鞍山一体化，建设皖江城市带承接产业转移示范区；加强农业基础设施建设，调整优化农业结构，发展农产品加工业，不断提高农业效益；加强大别山水土保持和水源涵养功能，保护巢湖生态环境，构建以大别山、巢湖及沿江丘陵为主体的生态格局。根据安徽省人民政府关于印发《安徽省主体功能区规划》的通知（皖政〔2013〕82号），皖江城市带是安徽省重点开发区域的主体部分，主要包括合肥片区、芜马（芜湖—鞍山）片区、铜池（铜陵—池州）片区、安庆片区、滁州片区和宣城片区。在《全国主体功能区规划》的基础上，《安徽省主体功能区规划》以县为行政单元，对皖江城市带58个县（市、区）进行主体功能划分，其中划入重点开发区（城镇化和工业化地区）的县（市、区）为29个，划入限制开发区（农产品主产区和重点生态功能区）的为29个，具体参见表4-2。

表4-2 皖江城市带主体功能区规划情况

主体功能区类型	主体功能区名称	主体功能区范围
重点开发区（29个区县）	国家级重点开发区（江淮地区）	合肥市：庐阳区、蜀山区、瑶海区、包河区、肥东县、肥西县；芜湖市：镜湖区、鸠江区、弋江区、三山区、繁昌县、无为县；马鞍山市：雨山区、花山区、博望区、和县、当涂县；铜陵市：铜官区、郊区、义安区、枞阳县；池州市：贵池区；安庆市：大观区、迎江区、宜秀；滁州市：琅琊区、南谯区；宣城市：宣州区
	省级重点开发区（六安片区）	六安市：金安区

续表

主体功能区类型	主体功能区名称	主体功能区范围
限制开发区（29个县市）	国家级农产品主产区（江淮丘陵主产区）	合肥市：长丰县；滁州市：来安县、定远县、全椒县、凤阳县、天长市、明光市
	国家级农产品主产区（沿江平原主产区）	合肥市：巢湖市、庐江县；六安市：舒城县；芜湖市：芜湖县、南陵县；马鞍山市：含山县；池州市：东至县；安庆市：桐城市、怀宁县、望江县、宿松县；宣城市：郎溪县、广德县
	国家级重点生态功能区（大别山水土保持区）	安庆市：太湖县、潜山县、岳西县
	国家级重点生态功能区（皖南山区）	池州市：青阳县、石台县；宣城市：旌德县、泾县、绩溪县
	省级重点生态功能区（皖南山区）	宣城市：宁国市

资料来源：《安徽省主体功能区规划》。注：在2016年9月，国务院《关于同意新增部分县（市、区、旗）纳入国家重点生态功能区的批复》（国函〔2016〕161号）。至此，除宁国市外，安徽省重点生态功能区的县（区）全面升级为国家级重点生态功能区，本表将《全国主体功能区规划》中国家级重点生态功能区大别山水土保持区的石台县放入皖南山区国家级重点生态功能区。

二、皖江城市带城乡土地置换政策变迁

2006年以来，随着国家对土地管理宏观政策的变化，皖江城市带城乡土地置换经历了土地置换、土地置换和挂钩置换并存和挂钩置换等三个阶段。

（一）土地置换阶段（2006.8—2009.4）

2004年10月，我国颁布《国务院关于深化改革严格土地管理的决定》（国发〔2004〕28号），鼓励农村建设用地整理，城镇建设用地增加要与

农村建设用地减少相挂钩，这成为地方政府制定土地置换政策最早依据。2006年8月，安徽省政府颁布《安徽省建设用地置换暂行办法》，各地可以依据土地利用总体规划，将依法取得的零星分散等不宜利用的建设用地，通过调整合并为适宜利用的建设用地，或者与规划为建设用地的农用地进行调整。土地置换主要表现为如下特点：（1）土地置换审批权限下放。土地置换审批权限在基层政府，具体规定如下：国有建设用地之间、农民集体所有建设用地之间的置换，由市、县人民政府审批；建设用地与农用地之间的置换，由有农用地转用批准权的人民政府审批；国有土地与农民集体所有土地之间的置换，由省人民政府审批。（2）土地置换规模较大。由于城乡土地置换审批权限在省以下各级政府，客观上，皖江城市带城镇化发展对建设用地指标需求较大，因此各县区土地置换规模较大。例如，合肥市肥西县仅在2007～2009年，就实施和申报农村集体建设用地置换18个批次，合计面积10 475.9亩，新增耕地面积高达9 951.52亩[1]。

（二）土地置换和挂钩置换并存阶段（2009.4—2010.12）

根据《国土资源部关于印发城乡建设用地增减挂钩试点管理办法的通知》（国土资发〔2008〕138号），2009年4月，安徽省人民政府办公厅颁布《关于做好城乡建设用地增减挂钩试点工作的通知》，皖江城市带城乡土地置换进入土地置换和挂钩置换并存阶段。这一阶段的土地挂钩置换主要特征是允许城乡土地置换指标跨区域调整。为了解决区域之间土地资源需求差异，2010年5月，安徽省国土资源厅颁布了《安徽省建设用地置换指标使用管理暂行规定》，规定如下：一是省国土资源厅统筹10%的置换指标统一用于皖江城市带承接产业转移示范区内有偿调剂使用；二是示范区内的建设用地置换指标可以跨市、县（市）有偿流转使用；三是示范区内市、县（市、区）为皖北和沿淮三市六县[2]垫付前期资金、整理置换建设

---

[1] 倪明芳，宋禹飞.肥西土地置换增地近万亩，2007年启动农村集体建设用地置换工作以来共实施了18个批次[N].中国国土资源报，2010-01-07（003）.

[2] 根据《中共安徽省委、安徽省人民政府关于加快皖北和沿淮部分市县发展的若干政策意见》（皖发〔2008〕21号），"三市六县"是指亳州、宿州、阜阳三市（包括所辖17个县、市、区）以及沿淮的五河、固镇、怀远、凤阳、寿县、霍邱六县。

用地确认的置换指标，可以有偿调剂给资金垫付方使用或作价入股在共建合作园区内使用。《安徽省建设用地置换指标使用管理暂行规定》的颁布实施，意味着安徽省土地指标实行跨区流转正式启动。

2010年12月以前，通过土地置换和挂钩置换将部分农村建设用地指标调剂到城镇使用，对优化城乡土地资源配置发挥了积极作用，但也出现片面追求城镇建设用地指标、擅自开展土地置换、突破挂钩指标、逼农民上楼等严重扰乱土地秩序、侵害了农民权益的问题。例如，2009年皖江城市带D县制定的《申报土地置换安置点为新农村建设示范点标准》，规定每户宅基地的面积不超过160平方米。农户宅基地除了用以建设居住房屋以外，还有鸡舍、猪圈、宅院、草垛等用地，宅基地面积标准过低显然不符合农村实际。

（三）挂钩置换阶段（2010年12月至今）

2010年12月，国务院颁布《关于严格规范城乡建设用地增减挂钩试点切实做好农村土地整治工作的通知》（简称国发"47号文件"），对于各地不符合国发"47号文件"规定的涉及建设用地置换、复垦土地周转等的地方政策文件和相关规定一律予以废止。2011年4月，《安徽省人民政府转发国务院关于严格规范城乡建设用地增减挂钩试点切实做好农村土地整治工作的通知》（皖政〔2011〕34号）颁布，至此，《安徽省建设用地置换暂行办法》废止，建设用地置换被叫停。2011年12月，国土资源部下发了《关于严格规范城乡建设用地增减挂钩试点工作的通知》（国土资发〔2011〕224号），2012年2月，安徽省国土厅下达了《关于进一步规范开展城乡建设用地增减挂钩试点工作的通知》（皖国土资〔2012〕34号），对规范开展城乡建设用地增减挂钩项目的选择、批准、验收、监管等做出了具体、明确的要求。

国家严格规范挂钩制度以来，有力扭转了各地片面追求增加城镇建设用地指标的倾向，制止了以各种名义擅自开展土地置换、突破挂钩周转指标、盲目大拆大建和强迫农民住高楼等行为，农民权益在一定程度上得到了维护。然而，由于建设用地置换被叫停以及严禁挂钩指标跨区域调剂等原因，导致皖江城市带地区经济和人口集聚能力较强的区域建设用地严重不足。例如，根据2015年度安徽省先后十五批次审批通过城乡建设用地增减挂钩试点项目实施方案,全省拆旧项目 4 694.87 公顷,新建项目 4 278.653 公顷。其中,皖江城市带区域,拆旧项目 2 337.937 公顷,新建项目 2 234.914 公顷❶。也就是说,2015 年皖江城市带经过审批的城乡建设用地增减挂钩试点项目实施后,仅增加建设用地指标 100 公顷左右。皖江城市带区域经过前些年大规模的土地整理和造田造地,目前可整理开发的土地后备资源已严重不足,部分地区出现有了新增建设用地指标,但因无法实现耕地占补平衡而不能通过审批的现象,导致一些区域中心城市房地产价格过高,造成生产、流通和居住成本过高,反过来又严重制约了经济增长和城镇化发展。随着国家农产品主产区和重点生态功能区的农村人口流出,出现大量"空心村",宅基地闲置严重。

三、皖江城市带城乡土地置换潜力测算

吴萍等（2009）❷认为城乡土地置换包括挂钩置换（城镇建设用地增加与农村建设用地减少相挂钩）和土地地置换,二者在本质上相同,都是在区际对非农建设用地和农用地的等量等质互换,只是一个是通过挂钩周转指标的形式,一个通过以地易地的折抵形式实现互换。2006 年 8 月安徽省政府颁布实施《安徽省建设用地置换暂行办法》以来,学术界对皖江城市带地区城乡土地置换的研究较多。例如,王勇等（2009）❸、张兴榆等（2010）❹、唐飞（2011）❺调研了滁州市南谯区、来安县等地城乡土地置换情

---

❶ 根据安徽省国土资源厅网站公布的 2015 年度第一至十五批次《城乡建设用地增减挂钩试点项目实施方案报批表》整理计算得出。
　http://www.ahgtt.gov.cn/site/search_show.jsp?row_id=112015070000012418
❷ 吴萍,李爱新,吴克宁,帅佳良,李芳颢.城乡土地挂钩置换的相关问题探讨 [C].2009 年中国土地学会学术年会论文集,2009-11-30：485-489.
❸ 王勇,李子俊.破解土地瓶颈,实现城乡双赢——滁州市开展土地置换统筹城乡科学发展纪实 [N].南京日报,2009 -07-08（A05）.
❹ 张兴榆,黄贤金,王锐,钟太洋,高敏燕,赵成胜.滁州市南谯区农村居民点土地置换潜力测算 [J].资源科学,2010（03）：557-563.
❺ 唐飞,来安土地置换调查研究 [D].合肥：安徽大学,2011：3-6.

况并对农村居民点土地置换潜力进行测算；张金明等（2011）❶对安庆市太湖县宅基地置换进行了调查分析；张晓云等（2014）❷对宣城市地票交易制度进行了总结；付英（2016）❸对皖江城市带城乡土地利用情况进行了调研。上述研究对规范城乡土地置换项目选址、保护耕地和维护农民利益等方面都提出了很好的建议。但是，到目前为止，国内学者仅限于对皖江城市带某个县（市、区）的城乡土地置换情况进行研究，没有从区域总体战略布局，尤其没能从主体功能区发展战略的视角研究城乡土地资源的优化配置。

根据《安徽省主体功能区规划》❹，皖江城市带承接产业转移示范区的58个县（市、区）❺，被规划为重点开发区和限制开发区的各占29个。皖江城市带建设用地需求量较大，预计2015～2020年城镇建设用地将增加130千公顷，年增长率为10.53%❻。皖江城市带未利用地面积较小，主要分布在生态环境突出区域，总体质量较差，环境脆弱，适宜开垦土地极其有限❼。皖江城市带重点开发区，经过前些年大规模的土地整理和造田造地，目前可整理开发的土地后备资源已严重不足，而且今后还要承担大量退耕

---

❶ 张金明、陈利根、张振华.宅基地置换的实证分析——安徽省太湖县实践调查[J].山东农业大学学报（社会科学版），2011（02）：43-48.

❷ 张晓云、常军、杨俊.反思与改良：安徽宣城市地票交易制度[J].内蒙古农业大学学报（社会科学版），2014（05）:26-29, 85.

❸ 付英.经济转型：强化土地推手作用——皖江经济带土地利用情况调研[N].中国国土资源报，2016-04-29（005）.

❹ 2013年2月安徽省政府印发《安徽省主体功能区规划》（皖发〔2013〕82号），将全省国土空间划分为三类主体功能区，即重点开发区域、限制开发区域和禁止开发区域。

❺ 2010年国务院批复《皖江城市带承接产业转移示范区规划》，皖江城市带包括合肥、芜湖、马鞍山、铜陵、安庆、池州、巢湖、滁州、宣城九市，以及六安市的金安区和舒城县，共59个县（市、区）。2011年国务院批复同意撤销地级巢湖市，2015年国务院批复同意将铜陵县与铜官山区合并为义安区，皖江城市带包括八市，共58个县（市、区）。

❻ 根据黄金碧等的研究结果，2015-2010年皖江城市带将新增建设用地1 300.46平方千米，换算约为130千公顷，参见黄金碧、冯长春.基于DEA模型优化的城镇建设用地需求预测——以皖江城市带为例[J].《城市发展研究》，2013（11）：第77页

❼ 安徽省国土资源厅网站：《安徽省土地整治规划（2011-2015年）》
http://www.ahgtt.gov.cn/zwgk/gkml_show.jsp?row_id=3020130200000007341

第四章 皖江城市带主体功能区间土地置换潜力分析

还湖、退耕还林任务。因此，皖江城市带重点开发区土地资源紧张状况在相当长的时间内难以改变。

皖江城市带限制开发区包括江淮丘陵国家级农产品主产区、沿江平原国家级农产品产区、大别山区国家级重点生态功能区以及皖南山区省级重点生态功能区，人口流出较多，由于农村宅基地等要素无法变现，户籍人口黏性较大，2014年户籍人口1 648.18万人，常住人口1 395.6万人，户籍人口超出常住人口252.58万人，而居民点及工矿用地460.64千公顷，导致居民点及工矿用地大量闲置。皖江城市带重点开发区经济与人口集聚能力较强，近些年集聚的流动人口较多，2014年常住人口1 448.30万人，户籍人口1 526.8万人，常住人口大于户籍人口78.5万人，居民点及工矿用地相对不足，仅为368.18千公顷，由于缺乏新增建设用地，发展空间受限，且导致房价过高。因此，皖江城市带解决城镇化建设用地不足问题，主要应依靠盘活现有存量建设用地，尤其需要盘活现有限制开发区的居民点及工矿用地。皖江城市带主体功能区居民点及工矿用地与人口分布具体情况，参见附表4-3。

表4-3 皖江城市带主体功能区居民点及工矿用地与人口分布情况

主体功能区类型及其范围	居民点工矿用地（千公顷）	户籍人口（万人）	常住人口（万人）
重点开发区包括29个县（市、区）：庐阳、瑶海、蜀山、包河、肥西、肥东、镜湖、弋江、鸠江、三山、无为、繁昌、花山、雨山、博望、当涂、和县、铜陵郊区、铜官、义安、枞阳、贵池、迎江、大观、宜秀、琅琊、南谯、宣州、金安	368.18	1 448.30	1 526.8
限制开发区包括29个县（市）：长丰、来安、全椒、定远、凤阳、明光、天长、巢湖、庐江、舒城、芜湖、南陵、含山、东至、桐城、怀宁、宿松、望江、郎溪、广德、太湖、岳西、潜山、石台、青阳、泾县、旌德、绩溪、宁国	460.64	1 648.18	1 395.6
总计：58个县（市、区）	828.82	3 096.48	2 922.4

数据来源：《安徽省主体功能区规划》、《安徽统计年鉴-2015》

本文以常住人口居民点及工矿用地均衡为假设前提，即区域间建设用地占用面积应与常住人口数量完全正相关（相关系数为1），以居民点及工矿用地替代建设用地，用以测算皖江城市带限制开发区与重点开发区之间城乡土地置换潜力。

令：皖江城市带全部常住人口为CZR，其中重点开发区常住人口为CZR_Z，限制开发区常住人口为CZR_x；皖江城市带全部居民点及工矿用地为JGD，其中重点开发区居民点及工矿用地为JGD_Z，限制开发区居民点及工矿用地为JGD_x；重点开发区均衡的居民点及工矿用地为JGD_Z^*，限制开发区均衡的居民点及工矿用地为JGD_x^*。

则有：

① $JGD/CZR = JGD_Z^*/CZR_Z = JGD_x^*/CZR_x$

② $JGD = JGD_Z + JGD_x = JGD_Z^* + JGD_x^*$

③ $CZR = CZR_Z + CZR_x$

于是：

④ $JGD_Z^* = (JGD/CZR) \times CZR_Z$

⑤ $JGD_x^* = (JGD/CZR) \times CZR_x$

将数据带入④⑤计算得出：

$JGD_Z^* = (JGD/CZR) \times CZR_Z = (828.82/2\,922.4) \times 1\,526.8 = 433.01$（千公顷）

$JGD_x^* = (JGD/CZR) \times CZR_x = (828.82/2\,922.4) \times 1\,395.6 = 395.81$（千公顷）

因此有：

$JGD_Z^* - JGD_Z = 433.01 - 368.18 = 64.83$（千公顷）

$JGD_x^* - JGD_x = 395.81 - 460.64 = -64.83$（千公顷）

显然，$JGD_Z^* - JGD_Z$表示重点开发区增加居民点及工矿用地面积，$JGD_x^* - JGD_x$表示限制开发区减少居民点及工矿用地面积。也就是说，在区域常住人口居民点及工矿用地均衡的假设条件下，限制开发区应当通过对闲置和废旧居民点和工矿用地进行复垦，减少建设用地面积64.83千公顷，增加耕地面积 64.83 千公顷。相应地，皖江城市带重点开发区应当通过有偿方式购买限制开发区的建设用地指标，减少耕地面积 64.83 千公顷，增加建设用地面积 64.83 千公顷。从总体上来看，通过皖江城市带限制开发区与重点开发区之间的建设用地增减挂钩和耕地占补平衡，实现皖江城市带区域耕地总量不减少。具体情况参见表 4-4。

表 4-4 皖江城市带主体功能区城乡建设用地置换潜力

主体功能区	居民点及工矿用地（千公顷）	均衡状态下居民点及工矿用地（千公顷）	建设用地增减挂钩潜力（千公顷）
重点开发区	368.18	433.01	64.83
限制开发区	460.64	395.81	- 64.83
总计	828.82	828.82	0

注：表中负数表示限制开发区居民点及工矿用地闲置面积，即建设用地指标应当减少数量

四、结论与政策建议

（一）结　论

皖江城市带建设用地指标在空间上闲置与短缺并存。由于限制开发区人口净流出造成宅基地大量闲置，重点开发区人口净流入导致建设用地严重不足。储备土地较多的限制开发区域存在清理闲置土地的压力，项目落地较多的重点开发区域则陷入用地政策、计划指标调剂限制的困境。以县为单元的增减挂钩政策阻碍了主体功能区战略的实施。当前的增减挂钩政策，不利于不同类型主体功能区之间建设用地指标的调剂，阻碍了皖江城市带主体功能区战略的实施。

主体功能区规划是以县为基本行政单元确定其主体功能定位。例如，规划为限制开发区的县（市），不允许进行大规模工业开发，经济和人口集聚能力较弱，导致宅基地和工矿用地的闲置，本文测算皖江城市带限制开发区居民点及工矿用地闲置面积为 64.83 千公顷。规划为重点开发区的

县（市、区），作为国家或区域新的经济增长极和人口集聚地，对建设用地指标的需求较大，本文认为应将皖江城市带限制开发区闲置的64.83千公顷居民点及工矿用地通过整治复垦为耕地，并通过跨区域挂钩置换跨区域调剂。

（二）政策建议

一是建立皖江城市带主体功能区之间城乡建设用地增减挂钩指标调剂使用制度。皖江城市带承接产业转移示范区是国家实施长江经济带发展战略的重点区域和长三角城市群发展规划的重要组成部分，也是江淮丘陵和沿江平原等国家级农产品主产区，皖江城市带限制开发区与重点开发区之间土地资源互补性强，通过对限制开发区闲置居民点和工矿用地的整治和复垦增加建设用地指标，有偿调剂到重点开发区，既能增加农产品主产区的耕地比重，也能增加重点开发区的建设用地比重，有利于实施国家主体功能区发展战略。

二是尝试建立皖江城市带耕地占补平衡新路径。突破行政区域限制，完善异地补充耕地机制，鼓励不同主体功能定位的县（市、区）之间可以按照自愿协商原则，调剂使用耕地占补平衡指标，在58个县（市、区）之间，通过市场竞争方式，自行确定合理补偿价格。允许耕地后备资源不足的重点开发区，在耕地后备资源充足的限制开发区开垦耕地，实现异地占补平衡。

三是探索增减挂钩试点项目区跨县级行政区域设置。皖江城市带重点开发区的29个县（市、区）与限制开发区的29个县（市）交错分布，每个重点开发区的县（市、区）周边都有限制开发区的县（市），可以在皖江城市带范围内不同类型相邻的主体功能区之间，探索增减挂钩试点项目区跨县级行政区域设置。这需要在充分论证的基础上，向中央提出在皖江城市带进行现行试点的建议。试点区域选择，除了需要两个不同类型主体功能区单元之间地缘相近以外，还应符合区域间人文、地理等共性较多、区际联系较为紧密、土地供求互补性强以及农村基层组织比较健全等条件。

第五章 皖江城市带城乡土地置换补偿制度设计

在主体功能区建设背景下,城乡土地置换主要表现为土地开发权在不同类型主体功能区之间转移。学者们认为土地开发权在不同类型主体功能区之间的转让,应当得到相应补偿的主体,不仅是个体农户,还应包括地方政府。但是,土地开发权发送区和接受区政府之间的生态补偿与农户宅基地退出补偿的性质不一样。宅基地退出补偿是土地发展权交易的收入,而政府间生态补偿是限制开发区和禁止开发区发展机会成本体现。

一、农村宅基地退出补偿问题研究

城乡土地置换中,必然涉及农民宅基地的退出。农村宅基地退出的本质是宅基地开发权转移,土地开发权是国家赋予土地使用者的权利,可以独立于土地所有权而存在。宅基地补偿的内涵包括宅基地开发权转移收益和地上房屋及其他附着物补偿费。皖江城市带宅基地补偿存在补偿标准偏低、补偿标准不统一和补偿标准缺乏动态调整机制等问题。目前,皖江城市带农村土地交易市场不完善,建议采用基于"市场参照法"的宅基地补偿方案;将来,形成了统一的城乡土地交易市场,再采用基于"区域交易法"的宅基地补偿方案。

(一)问题的提出及相关研究综述

按照《国家新型城镇化规划(2014—2020年)》提出的目标,到2020年,我国将转移1亿左右农业人口到城镇落户,常住人口城镇化率和户籍人口城镇化率应分别达到60%和45%左右。但是人口的户籍地与居住地分离,造成农村宅基地大量闲置。同时,城镇建设用地供给不足,导致城市房价过高,进一步降低了城镇化的质量。国土资源部的数据显示,我国农村居民点空闲和闲置用地面积达 3 000 万亩左右，相当于现有城镇用地规模的 1/4，低效用地达 9 000 万亩以上，相当于现有城镇用地规模的 3/4[1]。显然，建立合理的宅基地退出及补偿机制是当务之急。

目前，学术界主要围绕宅基地退出的制约因素、补偿方式、补偿标准以及受偿主体等问题进行了研究。例如，刘同山等认为国家法律法规限制了宅基地使用权交易及其价值体现，制约了农户闲置宅基地的有偿退出[2]。魏后凯等认为相对于宅基地换房和宅基地收储方式，市场化交易更能够体现宅基地价值、实现供需平衡，有更好的推广价值[3]。滕亚为认为宅基地退出补偿标准低、补偿标准不统一，降低了农民宅基地的退出意愿[4]。欧阳安蛟等建议以宅基地使用权人放弃宅基地在城镇或社区新村获得相当住房保障为标准[5]。程春丽指出我国农村宅基地退出补偿机制不合理，主要表现在补偿办法由政府单方确定，农民土地发展权没受到保护[6]。徐小峰等主张宅基地的受偿主体只能是村集体和农民，地方政府除按法律法规收取相关税费外不参与收益分配[7]。

其实，当前无论是法律或制度层面，还是宅基地退出的实践层面出现的问题，根源在于没有从理论层面厘清我国宅基地使用权的性质。主张宅基地私有化的观点，实际上是将宅基地使用权混同于所有权，是对集体权益的侵害。而单方面强调宅基地的集体所有权，忽视农民的土地开发权，

---

[1] 参见国土资源部网站：《国土资源部关于推进土地节约集约利用的指导意见》解读之一。http://www.mlr.gov.cn/tdzt/tdgl/jyjy/zcjd/201410/t20141015_1332337.htm

[2] 刘同山，孔祥智. 参与意愿、实现机制与新型城镇化进程的农地退出[J]. 改革，2016（06）：79-89.

[3] 魏后凯，刘同山. 农村宅基地退出的政策演变、模式比较及制度安排[J]. 东岳论丛，2016（09）：15-24.

[4] 滕亚为. 户籍改革中农村土地退出补偿机制研究———以重庆市为例[J]. 国家行政学院学报，2011（04）：101-105.

[5] 胡序威. 我国区域规划的发展态势与面临问题[J]. 城市规划，2002（2）：23-26.

[6] 程春丽. 农村宅基地退出补偿与利益机制构建探析[J]. 农村经济，2014（1）：13-17.

[7] 徐小峰，胡银根，魏西云，王恒. 中国土地勘测规划农村宅基地退出与补偿的几点思考[J]. 国土资源情报，2011（08）：31-33.

实际上是又对农民宅基地使用权的无情剥夺。本文将依据土地开发权交易理论界定我国农村宅基地退出的性质,并以皖江城市带为例,研究农村宅基地退出补偿问题。

（二）宅基地退出的本质是宅基地开发权转移

1. 宅基地是被赋予了土地开发权的集体土地

土地开发权是国家赋予土地使用者的权利,可以独立于土地所有权而存在。一个完整的土地开发权包括确定土地的使用性质和开发强度两个要件,决定了土地价值的大小。《宪法》第十条规定,城市的土地属于国家所有,农村土地属于集体所有。同时,规定宅基地等也属于集体所有。《宪法》关于城市土地和农村土地的划分,就是国家对土地的分区管制。除了出于生态和文化保护意图的禁止开发区以外,国家对城市地区一般赋予较大的土地开发权,如城市工业、商业、居住性开发用地以及城市公共性开发用地等。与其相反,农村土地的开发权要受到严格限制,主要用于农林牧渔业,但是为保证农民正常的生产生活需要,还要对一些农村土地赋予一定程度的开发权,如农村宅基地、公共用地和集体经营性建设用地等。因此,农村宅基地本质是国家赋予了农民一定土地开发权的农村集体土地。与农村公共建设用地和集体经营性建设用地的土地开发权属于集体所有不同,宅基地的开发权是国家为了保障农民基本生活而赋予其的居住性建筑权利,在市场经济条件下,寓于宅基地之上的宅基地开发权理应属于农民个人所有的一项财产权利。可以用等式表达为：耕地 + 宅基地开发权 = 宅基地。其中耕地属于集体所有,宅基地开发权属于农户所有。

2. 宅基地退出的本质就是宅基地开发权转移

土地开发权作为变更土地用途的权利,它可以从土地产权束中分离出来并让渡给他人[1](Ralph Henger and Kilian Bizer, 2008)。土地开发权可以从被设计为发送区的地块上分离出来,并转移到被定义为接受区的另一地块上使之获得更大的开发强度,发送区在出售或转让这种财产权利

---

[1] Ralph Henger & Kilian Bizer, Tradable planning permits for land-use control in Germany [J]. Land Use Policy, 2010, (27):843-852.

之后，通常会受到严格的开发限制[1]（John C. Danner，1997）。显然，宅基地退出应该是退户农民将复垦后的土地无偿退还给集体，但是原先国家赋予其中的开发权或居住性建筑权则属于农民家庭或个人所有。农户可以自愿退出宅基地并将宅基地复垦为耕地，农户仍然拥有并自由处置国家赋予的土地开发权。例如农村拆旧建新的宅基地整治项目中，农户可以利用拆旧区的部分宅基地开发权，在新建区内建设住房，也可以出售拆旧区取得的全部或部分宅基地开发权，到城镇购买住房。宅基地退出家庭只需宅基地复垦成本及相关费用分担，也就是说地方各级政府和任何组织不该参与宅基地退出产生的收益分配。我国的《宪法》《土地法》以及《物权法》等法律都没有提及"宅基地退出"概念，而宅基地退出的本质就是土地开发权转移。

2000年以来，全国各地都纷纷进行各种形式的宅基地退出改革试点，最典型的是浙江嘉兴的"两分两换"（用宅基地换城镇住房，用承包经营地换社会保障）、天津的"宅基地换房"、成都的"三集中"（工业向集中发展区集中，农民向城镇集中，土地向承包经营户集中）和重庆的"地票交易"等，无论宅基地退出试点农民换回的是住房、实物，还是货币，其实质都是土地开发权转让。然而，从各地的试点情况来看，主要是政府主导的土地发展权补偿方式，导致补偿标准过低，农民退地积极性不高。例如，重庆2010年上半年主城区出让的房地产类用地的平均地价为274万元/亩，重庆市地票交易的平均价格10万元以上，荣昌县补偿给农民8千元每亩，潼南县最高可补偿到1.4万元每亩。补偿标准与市场价值相去甚远[2]。市场经济条件下，既然宅基地开发权是国家赋予农民的独立于集体所有权之外的财产权利，农民就应该享有相应的处置权和收益权。宅基地退出的补偿标准应依据宅基地开发权供求竞争基础上形成的市场均衡价格，而不是取决于地方政府或任何组织的意志。当然，宅基地开发权交易不同于一般商品交易，因其涉及耕地保护、城乡建设规划、产业分布以及人口布局等诸多问题，既要保

---

[1] John C. Danner TDRs—great idea but questionable value [J].The Appraisal Journal, 1997; (4):133-142.

[2] 滕亚为.户籍改革中农村土地退出补偿机制研究——以重庆市为例 [J]. 国家行政学院学报, 2011 (4).

证市场的基础性配置地位，又不能忽视政府的宏观引导作用。

（三）宅基地退出补偿的构成及内涵

宅基地退出本质是宅基地开发权转移。因此，宅基地补偿标准应该取决于宅基地开发权交易价格，将农村实施土地整治、城乡建设用地增减挂钩腾出的建设用地指标按照一定的价格出让给建设用地指标不足的城镇化地区，这一价格称为宅基地开发权交易价格。而宅基地开发权是国家赋予农民的居住性建筑权，因此宅基地开发权转移收益属于农民家庭或个人所有。但是，现实中，宅基地开发权交易价格不等于开发权转移收益，宅基地开发权交易价格中还要做相应的成本扣除，剩余部分才是土地开发权转移收益。首先，要扣除宅基地复垦成本，因为，农村实施土地整治、拆旧建新、土地复垦、土地置换、资金融通、城乡建设用地增减挂钩结余指标交易等工作都需要乡镇政府或者农村集体组织参与，其中会发生一些费用，这些费用在对农户进行宅基地退出补偿之前，应该作为宅基地开发权交易成本予以预先扣除。其次，要扣除对宅基地上的房屋及其他附着物补偿成本，房屋及其他附着物是农户建设投入，因宅基地退出而构成农户的损失，可以参照同时期区县（自治县）人民政府发布的征收农村房屋及其地上构（附）着物补偿标准给予补偿，虽然也应该补偿给农户，但是属于宅基地开发权交易成本的一部分予以预先扣除。

令：每亩宅基地开权交易价格为 P；每亩宅基地复垦成本为 Cf，其中包括退地工作经费 Cf_1、工程施工费 Cf_2、复垦项目融资成本 Cf_3、其他费用 Cf_4 等；房屋和地上构（附）着物补偿费为 Cb；每亩宅基地开发权转移收益为 R。

则每亩宅基地开发权转移收益为(1)：$R = P - Cf - Cb$，其中 $Cf = Cf_1 + Cf_2 + Cf_3 + Cf_4$

对(1)整理后得出(2)：$R + Cb = P - Cf_1 - Cf_2 - Cf_3 - Cf_4$

从等式(2)的左边看，宅基地退出补偿为：$R + Cb$，即宅基地退出补偿包括宅基地开发权转移收益 R 和房屋和地上构（附）着物补偿费 Cb 两部分，但是二者的性质不一样，一般 R 与宅基地开发权交易价格直接相关，就单个农户而言还主要取决于其腾出的建设用地指标大小。比如，一个退出旧宅基地后还要在新规划范围内占用宅基地的农户,其腾出的建设用地指标就是前者扣除后者差额面积,而一个放弃农村宅基地使用权,直接到城镇购买住房的农户腾出的建设用地指标就是退出旧宅基地的面积,当然对于超过国家规定标准的宅基地应当根据当地具体情况另行考虑。而 Cb 只与地上房屋和附着物的成本有关,如对建筑物可以按照混凝土结构、混砖结构、砖木结构、土坯结构等进行分类,并根据相应的单位面积补偿标准和建筑面积来进行补偿。

从等式(2)的右边看,退出宅基地农户可以取得的总收入为: $P-Cf_1-Cf_2-Cf_3-Cf_4$,即宅基地开发权交易价格 P 扣除退地工作经费 Cf_1、工程施工费 Cf_2、复垦项目融资成本 Cf_3、其他费用 Cf_4 等宅基地复垦成本以后的所有收入都应该用于补偿退出宅基地的农户,地方政府和集体经济组织都不应该参与其中分配。

(四)皖江城市带宅基地退出补偿方案设计

本文以皖江城市带为例,解释以宅基地开发权交易为基础的宅基地退出补偿机制。皖江区域是对安徽沿长江两岸地区的泛称,2010年国务院批复《皖江城市带承接产业转移示范区规划》,包括合肥、马鞍山、芜湖、铜陵、池州、安庆、滁州、宣城、巢湖9市全境以及六安市的金安区和舒城县,共59个县(市、区)[1]。皖江城市带将成为临江产业密集带、沿江城镇密集带,建设用地需求量较大,预计2015~2020年城镇建设用地将增加130千公顷,年增长率为10.53%[2]。皖江城市带未利用地面积较小,主要分布在生态环境突出区域,总体质量较差,环境脆弱,适宜开垦土地极

---

[1] 2010年国务院批复《皖江城市带承接产业转移示范区规划》,皖江城市带包括合肥、芜湖、马鞍山、铜陵、安庆、池州、巢湖、滁州、宣城九市,以及六安市的金安区和舒城县,共59个县(市、区)。2011年国务院批复同意撤销地级巢湖市,2015年国务院批复同意将铜陵县与铜官山区合并为义安区,皖江城市带包括58个县(市、区)。

[2] 根据黄金碧等的研究结果,2015—2010年皖江城市带将新增建设用地1 300.46平方千米,换算约为130千公顷,参见黄金碧、冯长春. 基于DEA模型优化的城镇建设用地需求预测——以皖江城市带为例[J]. 城市发展研究,2013(11):77.

其有限❶。因此，皖江城市带建设用地紧张局面将长期存在。为了解决城镇化建设用地指标不足的情况，2013年《安徽省人民政府关于深化农村综合改革示范试点工作的指导意见》（皖政〔2013〕69号）提出探索建立符合农民合理需求的宅基地退出补偿激励机制，实施土地整治、城乡建设用地增减挂钩腾出的建设用地指标，可按有关规定有偿调剂使用。各地也都想利用城乡建设用地增减挂钩结余指标，通过城乡土地置换等方式，增加城镇建设用地供给，但是因宅基地退出补偿问题，农民退出宅基地积极性不高。以下针对皖江城市带宅基地退出补偿存在的问题，提出相应的解决方案或对策设想。

1. 皖江城市带现行宅基地退出补偿存在的问题

目前，皖江城市带宅基地退出补偿主要存在补偿标准低、标准不统一和准缺乏动态调整机制等问题。

（1）补偿标准偏低。以宁国为例，该市位于皖江城市带东南部，属于宣州市管辖的一个县级市，紧邻浙江，县域经济较为发达，外出务工人员多，目前有闲置宅基地2 200余亩。根据该市2013年推出的《宁国市农村宅基地退出办法（试行）》规定，法定面积范围内的宅基地退出每亩补助4万元～6万元，超出部分每亩补助2万元～3万元。但是，相对于日趋攀升的城市房价，每亩最高补偿6万元，在城里买不到10平方米的房子，因为补偿标准过低，农民退出宅基地意愿低，《宁国市农村宅基地退出办法（试行）》至今尚未能有效付诸实施，实际处于搁浅状态。

（2）补偿标准不统一。由于缺乏国家层面补偿政策和依据，各地制定的宅基地退出补偿标准悬殊。例如，宣州区与宁国市交界，根据宣州区政府2009年印发的《宣州区新农村土地整治项目房屋及附属物拆迁补偿和安置暂行办法》的规定，宅基地置换成本原则上应控制在3.5万元每亩，验收完成后按5 000元每亩予以奖励。也就是说到农户手中，每亩补偿标准要远低于4万元每亩。繁昌县位于皖江城市带中心位置，隶属于芜湖市，根据2010年该县《关于新港镇土地整治整村推进工作实施方案的批复》，

---

❶ 参见安徽省国土资源厅网站：《安徽省土地整治规划（2011-2015年）》http://www.ahgtt.gov.cn/zwgk/gkml_show.jsp?row_id=3020130200000007341

对于退地农民的房屋及其他附着物按照当地现行集体土地上拆迁补偿标准执行，再对每人一次性补助 3 000 元，除此以外没有任何优惠政策及相关待遇。不仅皖江城市带区域内各县市区之间宅基地退出补偿标准差异较大，与省外相比差距更大。例如，2010 年陕西省《关于举家进城落户农村居民退出宅基地、承包地实施办法》规定退地补偿最多为每亩 22 万元～25 万元，其他地区为 14 万元～16 万元；重庆市 2010 年《关于规范地票价款使用促进农村集体建设用地复垦的指导意见（试行）》规定每亩退出宅基地补偿不低于 9.6 万元；而 2013 年《南京市农村宅基地有偿退出与利用暂行办法》规定宅基地退出补偿标准是参照当地同期集体土地房屋拆迁补偿安置标准执行。显然，补偿标准不统一、差距过大，会降低补偿标准较低地区农民的退出意愿。

（3）补偿标准缺乏动态调整机制。仍以宁国市为例，该市 2013 年制定退出宅基地每亩最高补偿 6 万元，当时省会合肥房价是均价 4 500 元左右每平方米，目前合肥市房价均价是 20 000 元左右每平方米，但是当地宅基地退出补偿标准依然没有相应调整。目前，很多农户在城市已经有稳定的收入和固定的住所，宅基地已经不是其"安身立命之所"，但是进城农户宁愿让宅基地闲置，也不愿意按照现在的补偿标准退出，而是期望将来政府会出台新的补偿政策，取得更高的收入补偿。缺乏有效的宅基地退出补偿的动态调整机制，也是制约农村宅基地退出的重要因素之一。

由于宅基地退出补偿政策是由地方政府制定，基地退出补偿标准决定于行政机制而非市场机制，最终导致农村集体经济组织和地方政府直接或间接参与了宅基地开发权交易收益的分配，造成退出补偿标准过低或其他侵害农民利益的问题出现。一方面，地方政策直接规定集体经济组织参与宅基地开发权交易收益的分配；另一方面，宅基地退出补偿标准由地方政府制定，而腾出的建设用地指标又由地方政府支配使用，宅基地补偿标准低的本质就是地方政府变相参与了宅基地开发权交易收益的分配。

2. 皖江城市带宅基地补偿方案设计

由于皖江城市带农村土地交易市场平台没有建立，尚未形成完善的宅基地开发权或"地票"交易市场，建议皖江城市带宅基地退出补偿方案分两步走。为此，设计了两个方案：一是在目前农村土地交易市场不完善情况下,城乡建设用地增减挂钩结余指标只限于本县市区行政范围内调剂使用,适合采用"市场参照法"下的宅基地补偿方案;二是在将来皖江城市带统一的农村土地交易市场形成的情况下,城乡建设用地增减挂钩结余指标可以在皖江城市带范围内跨区域交易使用,适合采用"区域交易法"下的宅基地补偿方案。

方案一:"市场参照法"下的宅基地补偿方案

目前,安徽省城乡建设用地增减挂钩结余指标只限于本县市区行政范围内调剂使用,皖江城市带尚未形成统一的宅基地开发权交易市场,宅基地开发权交易价格无法直接通过市场竞争机制表现出来。但是,农村宅基地开发权一旦转化为城镇建设用地指标,其价格应取决于城镇建设用地供求关系,进而与城市土地交易价格之间存在正向比例关系。建议参照农村宅基地开发权交易市场比较成熟的省市的经验数据,根据其宅基地交易价格与城市住宅土地交易价格之间的比例关系,推算出皖江城市带各县(市、区)的宅基地开发权交易价格。2008年12月,重庆市农村土地交易所挂牌成立,开始了城乡建设用地增减挂钩腾出的指标交易,又称"地票"交易,宅基地开发权交易市场较为成熟。建议参照重庆市"地票"交易价格与同期住宅用地价格之间比例关系确定皖江城市带宅基地开发权交易价格。

首先,重庆市"地票"交易价格与其同期城市住宅用地价格之间的比例关系,简称为"地票地价系数"。"地票地价系数"可以用重庆市一定时期"一篮子"每亩"地票"交易价格与"一篮子"每亩城市住宅用地交易价格之间的比值表示。K 表示地票重庆"地票地价系数"、Cdi 表示重庆市某块"地票"平均每亩交易价格、Cti 表示重庆市某块城市住宅建设用地平均每亩交易价格,则"地票地价系数"K 可以表示为:

$$K = \sum_{i=1}^{n} Cdi \div \sum_{i=1}^{n} Cti$$

其次,确定皖江城市带某县(市、区)"一篮子"城镇住宅建设用地平均每亩交易价格 S,用 wti 表示皖江城市带某县(市、区)某块城镇住宅建设用地每亩交易价格,则其"一篮子"城镇住宅建设用地平均每亩交易价格 S 表示为:

$$S = \sum_{i=1}^{n} Wti \div n$$

于是,皖江城市带某县(市、区)每亩宅基地开发权交易参考价格 P 为:

$$P = K \times S$$

最后,每亩宅基地复垦成本为 Cf,包括退地工作经费 Cf_1、工程施工费 Cf_2、复垦项目融资成本 Cf_3、其他费用 Cf_4 等,则农户平均每亩宅基地退出补偿额 B 为:

$$B = P - Cf = P - Cf_1 - Cf_2 - Cf_3 - Cf_4$$

当然,在整村或成片宅基地拆旧新建项目中,因为各户房屋及其他地上附着物建筑成本不同,实际分配到各个农户的每亩宅基地退出补偿标准有差异。

方案二:"区域交易法"下的宅基地补偿方案

2013 年《安徽省人民政府关于深化农村综合改革示范试点工作的指导意见》提出要逐步建立统一的城乡土地交易市场,推进城乡统一的土地交易市场门户网站和交易平台建设,农村宅基地开发权将会被逐步纳入城乡统一的土地交易市场。因此,统一的城乡土地交易市场建成以后,农村宅基地开发权直接上市交易,"市场参照法"确定宅基地开发权交易价格就可以被实际的市场交易价格取代。需要特别指出的是,目前皖江城市带城乡建设用地增减挂钩腾出的指标只限于在本县(市、区)内调剂使用,但是,皖江城市带区内各个县(市、区)之间建设用地供需差异很大。根据《安徽省主体功能区规划》,皖江城市带 58 个县(市、区),其中 29 个属于重点开发区,29 个属于限制开发区(参见表 5-1)。根据主体功能区功能定位,重点开发区是人口、经济的主要集聚地,2016 年合肥、马鞍山、芜湖、铜陵、池州、安庆、滁州和宣城等 8 个皖江城市纳入《长江三角洲城市群发展规划》,将会进一步加剧皖江城市带重点开发区的 29 个区县城镇化建设用地供求矛盾。皖江城市带 29 个限制开发区分布在江淮丘陵、沿江平原、大别山区以及皖南山区等国家级或省级农产品主产区或重点生态功能区,将有大量农业剩余劳动力和生态超载人口转移到城镇化地区,会出现大量宅基地闲置。根据笔者测算,将皖江城市带 29 个限制开发区的 64.83 千公顷建设用地指标转移给

29个重点开发区，就可以实现皖江区域城乡建设用地最优配置❶。随着我省农村土地交易市场的建立与完善，应适时打破城乡建设用地增减挂钩结余指标只限于本县市区行政范围内调剂的做法，实行城乡建设用地增减挂钩结余指标在皖江城市带区域范围内公开交易，即"区域交易法"。实行"区域交易法"条件下，直接采用皖江城市带范围内的城乡建设用地增减挂钩结余指标交易价格作为宅基地开发权交易价格，宅基地开发权交易价格扣除各种宅基地复垦成本即为宅基地开权转移收益。宅基地开权转移收益连同房屋和地上构（附）着物补偿费都应作为对宅基地退出补偿。具体分配程序和方法与"市场参照法"下的宅基地补偿方案相同，不再赘述。

表5-1 皖江城市带各县（市、区）主体功能区规划情况

主体功能区类型	主体功能区级别及名称	主体功能区范围
重点开发区（29个区县）	江淮地区国家级重点开发区（28个区县）	庐阳区、瑶海区、蜀山区、包河区、肥西县、肥东县、镜湖区、弋江区、鸠江区、三山区、无为县、繁昌县、花山区、雨山区、博望区、当涂县、和县、铜陵郊区、铜官区、义安区、枞阳县、贵池、迎江区、大观区、宜秀区、琅琊区、南谯区、宣州区
	六安片区省级重点开发区（1个区）	金安区
限制开发区（29个县市）	江淮丘陵国家级农产品主产区（7个县市）	长丰县、来安县、全椒县、定远县、凤阳县、明光市、天长市
	沿江平原国家级农产品主产区（13个县）	巢湖市、庐江县、舒城县、芜湖县、南陵县、含山县、东至县、桐城市、怀宁县、宿松县、望江县、郎溪县、广德县

---

❶ 许宗凤，徐诗举.皖江城市带城乡土地置换情况调研——基于主体功能区的视角[J].铜陵学院学报，2016（5）.

续表

	大别山区国家级重点生态功能区（4个县）	太湖县、岳西县、潜山县、石台县
限制开发区（29个县市）	皖南山区省级重点生态功能区（5个县）	青阳县、泾县、旌德县、绩溪县、宁国市

资料来源：《安徽省主体功能区规划》（皖发〔2013〕82号）

在"区域交易法"下，宅基地开发权在整个皖江城市带58个县（市、区）之间交易，一方面增加位于国家级重点开发区的合肥、芜湖等中心城市建设用地指标，缓解大中城市房价上涨压力；另一方面，有利于增加农产品主产区和重点生态功能区农民宅基地退出补偿收入，减少宅基地闲置浪费，促进大别山区、皖南山区以及皖江区域农产品主产区生态超载人口和农村剩余劳动力向城市转移，实现人口布局、经济与环境资源承载力的相协调。

二、主体功能区划背景下区域间生态补偿制度

我国国土空间虽然十分辽阔，但是因为适宜开发空间少、水资源短缺、生态环境比较脆弱、自然灾害威胁大，加上经济与人口增长过快，导致耕地减少过快、生态系统退化、资源环境问题凸显、空间结构不合理、空间利用效率低、公共服务和生活条件差异大等严重问题。为了科学、规范、有序地开发国土空间，国家"十一五"规划纲要提出要推进形成主体功能区，将国土空间划分为优化开发、重点开发、限制开发和禁止开发四类主体功能区。国家"十二五"规划纲要进一步提出要实施主体功能区战略。实施主体功能区规划战略会引发区域之间的利益冲突，现行区域间生态补偿制度不健全制约主体功能区建设。在主体功能区建设背景下，必须建立政府主导下的区域生态补偿制度，空气、土地和水是构成生态环境的三大基本要素，本文对建立区域间大气生态补偿制度、主体功能区之间的土地开发权补偿制度和流域间生态补偿制度等提出初步构想。

第五章 皖江城市带城乡土地置换补偿制度设计

（一）主体功能区规划与区域利益冲突

国家主体功能区规划规定优化开发区域和重点开发区域的主体功能定位是生产工业产品，限制开发区的农产品主产区主体功能是生产农业产品，限制开发区的重点生态功能区和禁止开发区主体功能是提供生态产品或生态服务。所以，从区域的主要产品生产功能视角考虑，主体功能区规划是将全国国土空间划分为三种不同类型的生产区域：以工业产品生产为主的城市化地区；以农业产品生产为主的农业地区；以生态产品提供为主的生态地区。

由于工业产品比较收益高、外部正效应很小或无，农业产品比较收益低、外部正效应较大，生态产品比较收益很低、外部正效应大，因此，推进形成主体功能区可能面临两个方面问题：一是在主体功能区规划过程中，很多地方都力争进入重点开发区域或者优化开发区域行列，不愿意进入限制开发区域或禁止开发区域行列；二是在主体功能区建设过程中，限制开发区域和禁止开发区域可能难以做到生态保护与生态建设，而是千方百计发展收益较高的工业。因此，如果完全依靠市场的力量，没有政府干预，各地不可避免会产生增加工业投资的冲动，轻视农业，忽视生态保护，主体功能区规划会导致区域之间的利益冲突。如表5-2所示。

表5-2 主体功能区规划与地方利益冲突

主体功能区类型	主体功能定位	比较收益	外部正效应	地方政府动力
优化开发区、重点开发区	生产工业产品	高	很小或为负	冲动
限制开发区的农业区	生产农业产品	低	较大	动力不足
限制开发区的生态区、禁止开发区	生产生态产品	很低或无	大	无动力

（二）区域生态补偿制度不健全制约主体功能区建设

主体功能区规划与建设在区域（空间）理论与实践上都需要创新。限制开发区和禁止开发区的主体功能是生态保护和生态修复，因此，这些地区的财政经济发展和人民群众生活水平都将受到影响。生态补偿的本质就是调节各利益相关者在生态、环境和经济等方面利益的不平衡，而基于主体功能区的生态补偿制度重点在于解决区域之间的利益不平衡，其利益相关者是各类主体功能区。或者说，生态补偿调节的对象是不同的公共利益主体，而不是一般意义上的单位或个人。为了落实限制开发区和禁止开发区的功能定位，在保护生态环境的同时提高当地人民生活水平，政府需要建立与创新生态补偿制度。目前国家实行的退田还湖、退耕还林、退牧还草、天然林保护等生态补偿政策，大部分采取工程项目投入形式，且补偿年限偏短，缺少配套项目支撑，没有形成完善的政策系统。更没有从促进区域协调发展角度出发，将生态补偿与实现基本公共服务均等化结合起来考虑。由于没有形成完善的区域生态补偿政策体系，导致限制、禁止类开发区域用于生态环境修复与维护的资金难以落实，也缺少足够的财力引导和促进限制、禁止类开发区域超载人口流出。

必须指出，由于生态环境的外部正效应大，跨区域的生态补偿必将涉及众多的利益主体，并且环境产权归属界定较为复杂，企图通过市场途径解决区域间生态补偿问题，必然面临交易成本过高，谈判时间过长，成功可能性小的风险。到目前为止，凡是跨省的生态补偿，没有一个成功的案例[1]。例如，黄山市是新安江流域上游的水源涵养区，而杭州市是新安江流域下游的受益区，从2004年起，安徽省黄山市与浙江省杭州市共同就新安江流域生态补偿问题开始协商，安徽与浙江两省以及黄山、杭州两市党政和环保部门，就建立新安江流域生态补偿问题进行了10多次谈判与协商；原国家环保总局调研组也专门对新安江流域生态补偿问题进行数次调研；第十届全国人民代表大会四次会议后，建立新安江流域生态补偿机制被全国人大常委会定为2006年度重点督办的12件建议案之一；2007年，新安江流域被国家发改委等列为全国中小流域生态补偿机制建设四大试点流域。但是，历时5年，皖浙两市间的生态补偿机制仍旧是"水中月""镜中花"。生态环境是公共产品，上级政府

---

[1] 许圣如.主体功能区规划：重整河山？[J].南风窗,2010(15):72-74.

尤其是中央政府在区域间生态补偿中应当发挥主导作用，实践证明，试图完全通过市场方式解决不同区域之间的生态补偿问题很难行得通。

由于现行的区域性生态补偿制度不健全，使本来就贫困的限制、禁止类开发区域的经济社会发展更加落后，居民收入水平与优化、重点类开发区域的差距越来越大，同时也严重影响到限制、禁止类开发区域生态保护的成效。结果是上游地区投入，下游地区受益，欠发达地区投入，富裕地区受益。限制、禁止类开发区域生态保护和建设任务重、投入大，却没有得到合理的补偿，因此造成区域发展差距不断扩大。

（三）建立政府主导下的区域间生态补偿制度

1. 建立政府主导下区域生态补偿制度的必要性

关于解决区域间的外部性问题，一般有两种方案可供选择，一是基于科斯定理，建立排污权交易市场；二是基于庇古税原理，征收排污税（费）。至于两种方案的优缺点，相关文献论述较多，在此不做过多评述。笔者认为，在主体功能区建设背景下，建立区域间排污权交易市场会受到更多因素制约。首先是市场交易主体确立的问题，科斯定理的产权交易效率是基于完全竞争市场假设条件，即通过众多企业或居民之间的竞争，达到市场均衡的效率水平。主体功能区建设背景下，区域间生态补偿的目的是促进主体功能区之间基本公共服务均等化，或者用以弥补生态修复成本，是区域之间的利益关系调整，现实条件下，能够代表区域利益的只能是当地政府，政府间交易不可能是完全竞争市场，难以实现最优效率。其次是排污权分配问题，若将更多的排污权分配给重点、优化类开发区域，显然有违区域间生态补偿的初衷；若将更多的排污权分配给限制、禁止类开发区域，显然与主体功能区定位相矛盾。再次是市场交易条件问题，限制、禁止类开发区域的排污权是受限制的权利，只能用于交易，而不能使用，一种受限制的权利的市场交易价格显然要低于正常交易价格，也难免会导致效率低下。因此，排污权交易无法适用于主体功能区建设背景下的区域间生态补偿，必须建立以政府为主导的区域间生态补偿制度。

2. 建立政府主导下区域间生态补偿制度的初步构想

由于空气、土地和水是构成生态环境的三大最基本要素，区域间生态环境的外部性，主要应当考虑三种情况，一是由于空气流动，上风地区对空气质量的影响会造成下风地区受益或受损；二是由于主体功能区规划引起土地开发权转移，限制、禁止类开发区域因为土地开发权受到限制而受损，重点、优化类开发区域则因为享有更多的土地开发权而受益；三是由于河（江）水流动，上游地区对水质的影响会造成下游地区的受益或受损。因此，在主体功能区建设背景下，区域间生态补偿制度，主要应解决好区域间大气生态补偿制度、主体功能区之间的土地开发权补偿制度和流域间生态补偿制度。

（1）建立区域间大气生态补偿制度。由于风云变幻莫测，大气流向不定，踪迹漫无边际，空气流动的外部效应造成的受益受损主体较为模糊，其受益受损区域范围不明确，显然不能采取一对一的谈判形式来解决。虽然市场微观主体（企业）之间可以通过碳交易来解决外部性问题，但是其并不适用于解决区域间（政府间）的生态补偿问题。因为空气具有完全的非排他性和非竞争性特征，是典型的纯公共产品，提高空气质量是全社会公共需要。按照现代公共经济学原理，与纯公共产品对应的价格形式是税收，因此，可以通过设计庇古税方案解决区域间空气生态补偿问题。国际上关于空气污染税收主要包括碳税和硫税，考虑到征收空气污染税会增加企业和居民负担，我国应当采取循序渐进方式逐步建立与完善空气污染税制度。当前可以考虑先开征碳税，以后再考虑征收硫税；率先在优化开发区域进行碳税试点，条件成熟再向重点开发区域推广；目前只向企业征收碳税，以后酌情对个人征收；开始使用较低税率征收，逐步按照边际治污成本征收。碳税的计税依据是二氧化碳排放量，应当采用从量定额税率形式。由于碳税在地区间分布不均匀，而且容易转嫁，应当作为中央税比较合理，并建立大气生态补偿基金。大气生态补偿基金主要应用于中央对限制、禁止类开发区域的生态补偿，既可以增加其一般性转移支付规模，也可以增加对植树造林等有利于净化空气项目的专项转移支付。限制、禁止类开发区域主要功能是进行环境保护与生态修复，提供涵养水源、防风固沙、净化空气、调节气候等生态服务，对全国或较大范围地区起到重要的生态屏障作用，其行为在区域间具有外部正效应。重点、优化类开发区域主要功能是发展经济，是生态服务的受益者，在享受新鲜空气的同时，还排放废气，造成生态环境破坏，其行为在区域间具有外部负效应。庇古税方案的实施，一方面有利于促进重点、优化类开发区域转变经济增长方式，降污减排，提高资源利用率；另一方面为限制、禁止类开发区域提高基本公共服务水平、加强生态环境建设提供资金保障。因此，庇古税方案的实施，最终能够体现优化、重点类开发区域对限制、禁止类开发区域的生态补偿。

若按照财政部的建议一开始每吨CO_2只征收10元的低税率[1]，按照每年CO_2排放55.47亿吨[2]计算，我国每年可征收碳税500多亿元。在主体功能区建设背景下，除了安排部分碳税收入用于能源开发利用等科技投入外，大部分应当形成大气生态补偿基金，用于对限制、禁止类开发区域生态补偿。具体补偿办法，可以综合考虑限制、禁止开发区域面积和人口两个因素来确定。

令：全国限制、禁止类开发区总人口为TR；

全国限制、禁止类开发区总面积为TM；

各省限制、禁止类开发区人口为$R_n(n=1，2，3，4……)$；

各省限制、禁止类开发区面积为$M_n(n=1，2，3，4……)$；

全国计划年度安排大气生态补偿基金总额为TC；

则中央对N省计划年度大气生态补偿金额 = （M_n / TM × 50%+R_n / TR × 50%）× TC

注：公式中50%表示权重，这里表示人口与土地权重各占50%。

（2）建立主体功能区之间土地开发权转移生态补偿制度。土地出让金收入是土地使用权性质改变带来的收益，土地开发对地方政府提供最直接的收入就是土地出让金收入。主体功能区规划是国土空间开发的战略性、基础性和约束性规划，是对未来国土空间开发做出的总体部署，对不同国土空间的功能定位、发展方向、开发方式及开发强度等做出明确

---

[1] 财政部：5年内开征碳税 个人生活排放暂不征税 .http://www.e23.cn 2009-9-23

[2] 马建堂.国际统计年鉴（2010）[M].北京：中国统计出版社，2010.

规定。优化开发区和重点开发区主要是规划为工业化和城镇化地区。限制开发区和禁止开发区是主要规划为粮食主产区和生态功能区。主体功能区规划实质上是规定了不同地域空间单元的土地开发权。优化开发区和重点开发区被赋予更多的将农业用地转化为工业用地的权利，地方因此可以取得更多的土地出让金收入，例如，根据2009年12月中国60个城市土地市场交易情报，上海市、杭州（包含余杭、萧山）市、北京市土地出让金收入位居前三甲。限制开发区和禁止开发区则被限制或剥夺了进一步开发土地的权利，必然因此导致地方经济利益的损失。土地出让金是土地开发权价格或货币形态，是土地使用权性质改变带来的收益。例如，若将农业用地变更为城市建设用地，土地售价会立即暴涨，这种收益主要源于国家的国土空间规划，即中央允许地方对土地使用性质的改变，并非来自权利人的投资或劳动。土地（除了农村集体土地以外）都属于国家所有，国家所有权就包括开发权，既然是国家所有，就是全民所有。因此，土地开发收益不能只归当地使用，至少中央应当占比大，地方占比小，以避免土地收益归地方所有，导致地方竭泽而渔、发土地财。因此，我国的土地开发权主要归国家所有，而目前与之相联系的土地出让金收入完全归属地方政府，显然不妥。由于主体功能区规划造成地区间土地开发权益不均衡，为了减少地区间围绕土地出让金而产生矛盾与利益冲突，笔者认为，应当尽快改革不利于主体功能区建设的土地出让金制度。首先，考虑到土地出让金收入规模巨大，必须纳入预算管理，强化预算监督。其次，在进一步明确中央与地方事权与财权关系的前提下，随着地方税体系的完善，应逐步提高土地出让金收入上划中央的比例，目前可以考虑将中央与地方的分成比例定为60：40，以遏制当前愈演愈烈的"土地财政"趋势，中央政府土地出让金收入主要用于建立土地开发权生态补偿基金。最后，土地出让金收入主要用于增加对限制开发区与禁止开发区的生态补偿。据中国指数研究院的报告，2009年全国土地出让金总额达到15 000亿元，其中70个大中城市土地出让金共计为10 836亿元[1]。按照中央地方60：40分成，中央可

---

[1] www.8801.com.cn；易胜财经，2010年01月11日

取得土地出让金9 000亿元，并主要用于对限制开发区与禁止开发区的生态补偿。具体补偿办法，综合考虑限制、禁止开发区域面积和人口两个因素来确定。

令：全国限制、禁止类开发区总人口为 TR；

全国限制、禁止类开发区总面积为 TM；

各省限制、禁止类开发区人口为 R_n (n=1，2，3，4……)；

各省限制、禁止类开发区面积为 M_n (n=1，2，3，4……)；

全国计划年度安排土地开发权生态补偿基金总额为 TD；

则中央对N省计划年度土地开发权生态补偿金额=（M_n / TM × 50%+R_n / TR × 50%）× TD

注：公式中50%表示权重，这里表示人口与土地权重各占50%。

土地出让金制度的改革，一方面有利于抑制地方政府对土地的盲目、无序开发，保护了耕地和生态环境；另一方面体现了优化、重点类开发区域对限制、禁止类开发区域的土地开发权的补偿。

（3）建立流域间生态补偿制度。由于江河有形，水流有道，流向固定，河（江）水流动的外部效应产生的受益受损主体相对明确，流域间生态补偿主体相对容易界定，江（河）上游区域保护水源，下游区域受益，下游区域理所当然应对上游区域进行补偿。实行下游地区直接对上游地区补偿的制度，有利于体现"谁投资、谁受益，谁污染、谁补偿"的原则，也更加符合公平与效率的一般原则。但是实践证明，由于有些流域跨度较大，涉及两个以上行政区域，利益相关者数量多，再加上缺少制度约束与政策引导，我国采取谈判形式并不能够有效解决流域间生态补偿问题。针对我国流域间一对一谈判方式造成生态补偿的低效率，笔者认为应当发挥上一级政府的调控作用，健全流域间生态补偿机制，建立政府主导下的流域间生态补偿制度。按照公共产品层次性理论，提高全国性（省际）的生态环境质量是中央政府的职责，提高地方性（一定行政区域内部）的生态环境质量是地方政府的职责。因此，主体功能区建设背景下，凡是涉及省际的流域生态补偿问题，应当由中央政府出面解决，凡是涉及县际的流域生态补偿问题，应当由省级政府出面解决，以此类推。流域生态补偿资金主要通过"以水养水"的方式筹集，具体思路是：根据流域跨度决定其管理和权益归属，即跨省江河由中央政府收取水资源费和污水排放费，跨县江河由省级政府收取水资源费和污水排放费，以此类推；水资源费率、污水排放费率主要根据水环境容量、水资源的稀缺性程度以及流域治理难度综合确定，实行一河（江）一率；水资源费和污水排放费由环保部门和国税部门联合征收；对其收入建立流域生态补偿基金，水资源费主要用于弥补上游地区放弃开发的损失，水污染防治费主要用于对流域内生态环境治理。上级政府通过定期或不定期召集上下游流域地方政府，对具体的费率调整、资金使用、生态环境治理方案制定等问题进行协商。

采取"以水养水"的生态补偿方式，一方面是在上级政府主导下，通过流域内各个地方政府之间共同协商来进行的（科斯定理的运用）；另一方面采取对下游地区收取水资源费和污水排放费的办法对上游地区进行补偿（庇古税方案）。显然，"以水养水"的生态补偿方式是科斯定理与庇古税方案的有机结合。

第六章 促进人口流动与城乡土地置换相协调

促进人口流动与城乡土地置换相协调是实现主体功能区规划战略的需要,具体包括促进进城农民市民化、促进人口流动与主体功能区规划相一致以及促进人口与土地开发权并流三方面内容。

一、促进进城农民市民化

我国城镇化质量不高主要表现为户籍人口城镇化率低。"人户分离"引发农村宅基地闲置与城市建设用地供给不足的矛盾凸显,农村人口流向不合理,导致大城市房价上涨过快,增加了进城农民的市民化成本。当前应当建立宅基地退出与补偿机制、完善城乡土地置换制度、增加城市的住房与基本公共服务供给、提高中小城市和小城镇的人口集聚能力。

(一) 问题的提出及研究综述

我国常住人口城镇化率从1978年的18%上升到2014年的54.77%,但是户籍人口城镇化率只有30%多[1]。人口的户籍地与居住地分离,造成农村宅基地大量闲置。同时,城镇建设用地供给不足,导致城市房价过高,进一步降低了城镇化的质量。

学界对于我国城镇化质量过低的解释主要围绕两个方面:一是认为缺乏农村土地的退出机制阻碍了农民工市民化。例如,严燕[2](2012)认为城

---

[1] 冯蕾.户籍人口城镇化率[N].光明日报,2015-11-3(4).
[2] 严燕.非农就业对农户土地退出意愿影响的实证研究[J].西南大学学报(自然科学版),2012(6):128-132.

乡二元户籍制度阻碍了进入城镇定居的农民退出土地；汪晓春[1]（2016）认为只有建立进城农民的土地退出机制，才能实现进城农民向城市居民的真正转移，实现新型城镇化，促进农村土地的高效利用。二是认为城镇过高的房价与户籍门槛阻碍了农民工市民化。例如，人力资源和社会保障部劳动科学研究所课题组[2]（2013）关于农民工市民化的专题调查结果显示，农民工不愿意定居城镇主要原因是买不起房；李爱芹[3]（2014）认为降低城市落户门槛、剥离户口中附着的各种社会福利是推进农民工市民化的关键。进城农民需要处置的土地事项主要包括农村土地承包经营权和宅基地使用权。目前，根据《农村土地承包经营权流转管理办法》以及《关于完善农村土地所有权承包权经营权分置办法的意见》，通过农地"三权分置"的政策实施，进城农民可以将农村承包地流转给规模经营户种植。相对于农村土地承包经营权改革，宅基地使用权改革严重滞后。按照《中华人民共和国土地管理法》和国土资源部《关于加强农村宅基地管理的意见》等有关规定，只有集体经济组织的内部成员才能享有农村宅基地使用权，农户可以将其房屋转让给本集体经济组织的其他村民，但不能转让给非本集体经济组织的成员或者城镇居民。农民承包的耕地可以流转，但是宅基地流转严格受限，这与农村大量闲置宅基地亟待转让的现实情况相冲突，也是导致农村宅基地转让产生的法律纠纷案件频发的缘由。

（二）皖江城市带农民流动现状

皖江是对长江安徽段的简称，皖江地区泛指安徽境内沿长江两岸地区。2010年国务院批复《皖江城市带承接产业转移示范区规划》，2016年合肥、马鞍山、芜湖、铜陵、池州、安庆、滁州和宣城等8个皖江城市纳入《长江三角洲城市群发展规划》。本文将皖江城市带农村地区（包括各个县及县级市）户籍人口与常住人口的差异数作为净流出人口数，将皖江城市带城

---

[1] 汪晓春. 新型城镇化背景下进城农民土地退出补偿机制研究 [J]. 干旱区资源与环境，2016（1）：19-24.

[2] 白天亮. 人社部调查显示：过半农民工想当市民 [J]. 劳动保障世界，2013（5）：18.

[3] 李爱芹. 户籍制度改革与农民工市民化 [J]. 山东农业大学学报（社会科学版），2014（4）：7-61.

市地区（主要是指地级市下辖的各个区）户籍人口与常住人口的差异数作为净流入人口数，经统计，皖江城市带农民流动现状如下。

1. 皖江城市带农村地区人口流出情况

本文根据 2015 年安徽省统计年鉴，对 2014 年皖江城市带农村地区 37 个县及县级市的户籍人口、常住人口、净流出人口、人口净流出率及人均生产总值情况进行统计，其中净流出人口为常住人口与户籍人口的差额，负数表示人口净流出，人口净流出率为净流出人口与户籍人口比值的绝对值。具体情况参见表 6-1。

表 6-1　皖江城市带各县（市）人口流出情况

地　区	户籍人口（万人）	常住人口（万人）	净流出人口（万人）	人口净流出率（%）	人均生产总值（万元）
巢湖市	86.4	78.2	-8.2	9.5	2.9
长丰县	75.9	63.1	-12.8	16.7	4.4
肥东县	105.5	86.3	-19.2	18.2	4.2
肥西县	80.1	74.6	-5.5	6.9	6.1
庐江县	119.5	97.5	-22	18.4	1.7
来安县	49.3	43.5	-5.8	11.8	2.4
全椒县	46.1	39	-7.1	15.4	2.3
定远县	96.2	78.6	-17.6	18.3	1.5
凤阳县	77.1	65	-12.1	15.7	1.8
天长市	63.2	60.8	-2.4	3.8	4.2
明光市	63.5	53.7	-9.8	15.4	1.7
舒城县	99.2	75.9	-23.3	23.5	1.5
当涂县	47.3	46	-1.3	2.7	5.6
含山县	44.3	38	-6.3	14.2	2.6
和　县	53.9	46.3	-7.6	14.1	2.4

续表

地 区	户籍人口（万人）	常住人口（万人）	净流出人口（万人）	人口净流出率（%）	人均生产总值（万元）
芜湖县	34.5	29.7	-4.8	13.9	5.2
繁昌县	27.9	26.5	-1.4	5.0	7.3
南陵县	55	40.8	-14.2	25.8	3.1
无为县	122.1	102.2	-19.9	16.3	2.7
郎溪县	34.5	32.6	-1.9	5.5	3.0
广德县	51.8	48.9	-2.9	5.6	3.3
泾县	35.5	30.2	-5.3	14.9	2.2
绩溪县	17.7	15.9	-1.8	10.2	3.0
旌德县	15	12.2	-2.8	18.7	2.1
宁国市	38.7	38.1	-0.6	1.6	5.7
铜陵县	28.9	25.2	-3.7	12.8	4.3
东至县	54.5	47.4	-7.1	13.0	2.2
石台县	10.8	9.5	-1.3	12.0	1.9
青阳县	29	24.9	-4.1	14.1	2.7
怀宁县	70	59.5	-10.5	15	2.5
枞阳县	97	84.7	-12.3	12.7	2.0
潜山县	58.4	50.5	-7.9	13.5	2.1
太湖县	57.2	52	-5.2	9.1	1.6
宿松县	85.5	57.6	-27.9	32.6	1.7
望江县	63.2	53.1	-10.1	16.0	1.5
岳西县	40.8	32.5	-8.3	20.3	1.8
桐城市	75.4	66.9	-8.5	11.3	2.9
合　计	2 210.9	1 887.4	-323.5	14.1	2.4

数据来源：根据2015年安徽省统计年鉴的相关数据整理得出。注：合计栏中人口净流出率和人均生产总值采用的是中位数，皖江城市带37个县（市）人口流出率中位数为14.1%（青阳县、和县），人均生产总值的中位数为2.4万元（和县）。

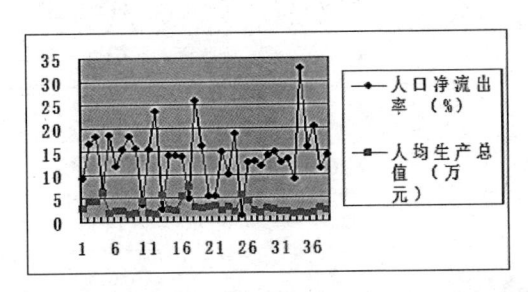

图6-1 皖江城市带各各县（市）人口净流出率与人均生产总值关系折线图

将皖江城市带各个县（市）人口流出率和人均生产总值作折线图（参见图6-1），可以发现两个特征：一是总体上人均生产总值与人口净流出率呈现反方向变动，即人均生产总值越高的县（市）人口净流出率越低，生产总值越低的县（市）则人口净流出率越高。因为经济相对发达的县（市）人均产值较高，相应提供就业机会也就较多，这也有效解释了区域间经济发展水平和收入差距是影响劳动力流动的主要因素；二是紧邻大城市的县（市）人口净流出率较高，即使有一些紧邻主要城区的县（市）人均产值高，却也呈现人口净流出率高的现象。例如，紧邻合肥市的长丰县和肥东县人均产值都在中位数2.4万元以上，但是人口流出率都在中位数14.1%以上，原因是长丰县和肥东县受到合肥城区的辐射较大，近些年人均产值增加很快，同时，长丰和肥东劳动力进入合肥城区工作和生活的交通成本低，语言、习俗及文化差异小，城市熟人多，更容易找到工作。

2. 皖江城市带主要城区人口流入情况

根据2015年安徽省统计年鉴，对2014年皖江城市带9个地级市各个区（其中六安市只统计金安区，因为根据2010年1月12日，国务院正式批复《皖江城市带承接产业转移示范区规划》，六安市只包括金安区和舒城县，裕安区不属于皖江城市带区域）的户籍人口、常住人口、净流入人口情况进行统计，常住人口与户籍人口的差额为负数表示人口净流出。具体情况参见表6-2。

表 6-2　皖江城市带主要城区人口净流入情况

地　区	常住人口	户籍人口	人口净流入
合肥市辖区	369.9	245.4	124.5
滁州市辖区	57.9	54.2	3.7
六安金安区	82.1	87.5	-5.4
马鞍山市辖区	92.6	82.2	10.4
芜湖市辖区	162.5	145	17.5
宣城宣州区	79.5	86.6	-7.1
铜陵市辖区	48.6	44.9	3.7
池州贵池区	61.2	66.3	-5.1
安庆市辖区	80.8	73.5	7.3
合　计	1 035.1	885.6	149.5

数据来源：2015年安徽统计年鉴

可以看出，在皖江城市带主要城区（包括地级市下辖的各个区）中，省会合肥市区人口净流入124.5万人，是集聚外来人口最多的城市。在其他皖江城市中，按照市区人口净流入的规模，依次是芜湖17.5万、马鞍山10.4万人、安庆7.3万人以及铜陵和滁州均为3.7万人；而宣州区、金安区和贵池区等则为市区人口净流出城市，净流出人口分别为7.1万、5.4万和5.1万人。皖江城市带人口主要流入省会合肥，而一些坐落在国家级重点开发区的环境资源承载能力较强、城镇化基础较好的中小城市，虽然规划为皖江城市带承接产业专业示范区的重点城市，近些年却出现人口流入规模过小或者为负数的情况。

（三）皖江城市带农民进城过程中产生的问题

由于缺乏土地退出与补偿机制，退地农民市民化的机会成本过高，形成人口迁移黏性，阻碍了农村人口向城市迁移。同时，城市提供的住房、就业与社会保障严重不足，造成退地农民市民化成本过高。皖江城市带农民流动过程中，产生的主要问题如下：

1. "人户分离"现象严重，导致城乡建设用地配置失衡

目前，我国农村建设用地闲置和城镇建设用地严重不足并存。通过表6-1可知，2014年，皖江城市带农村户籍人口为2 210.9万人，农村常住人口仅为1 887.4万人，即存在"人户分离"人口323.5万人，按照农村居民点用地人均约190平方米测算，存在闲置宅基地约40万公顷。在农村宅基地大量闲置的同时，因城市建设用地供给不足，导致房价不断攀升，很多农村流出人口在城市没有稳定住所，大量青壮年劳动者在就业地与户籍地之间候鸟式的季节性迁徙。

2. 人口过度向大城市流动，增加了进城农民的市民化成本

房价过高远远超出了一般进城农民工的支付能力。通过表6-2可知，在皖江9个地级市中，流动人口过度向省会合肥集聚，2014年合肥市常住人口超过户籍人口124.5万人，导致合肥房价过高、基本公共服务供给不足，增加了进城农民的市民化成本。例如，合肥市区居住性房价由2013年的每平方米7 000多元，上涨到2015年的每平方米10 000多元，2016年房价涨幅一度居全国之首，目前合肥局部区域每平方米房价超过30 000元。

3. 贫困地区农村人口净流出率高，进城农民市民化难度大

从总体上看，皖江城市带人均生产总值越低的县（市）人口净流出率越高。例如，地处大别山东麓的舒城县是国家级贫困县，2014年全县人均产值为1.5万元，是皖江城市带人均产值最低的县（市）之一，全县累计净流出人口23.3万人（户籍人口大于常住人口数），居皖江城市带各县（市）之首，净流出率高达23.5%（参见表6-1）。偏远落后地区农户一般家底较薄，受制于受教育程度低等因素导致流出人口就业竞争力弱、收入低，不断攀升的房价成为阻碍落后地区外出人口市民化的难以逾越的巨大障碍。因此，贫困地区农村人口净流出率高，总体上加剧了进城农民市民化的难度。

（四）促进进城农民市民化的对策

根据对皖江城市带农民流动现状及其引发的问题分析，笔者认为促进进城农民市民化，应从四个方面着手：一是应消除农村的人口迁移黏性，建立土地退出与补偿机制，降低退地农民市民化成本；二是推行和完善城乡土地置换制度，坚持城乡建设用地增减挂钩和耕地占补平衡原则，增加城镇建设用地供给；三是增加城市的住房、就业与基本公共服务供给，降低进城农民市民化门槛；四是扭转优质公共资源过度向行政级别高的大城市集中趋势，引导人口向中小城市和小城镇流动。具体对策如下。

1. 建立农村宅基地使用权的退出与补偿机制

目前，根据《农村土地承包经营权流转管理办法》以及《关于完善农村土地所有权承包权经营权分置办法的意见》，进城农民可以将承包地流转给规模经营户种植，相比之下，农村宅基地产权制度改革相对滞后，造成农村大量闲置的宅基地使用权无法变现，无法转化为进城农民购置城市住房的货币支付能力，而住有所居恰恰是衡量城镇化质量的基本指标。按照《中华人民共和国土地管理法》和国土资源部《关于加强农村宅基地管理的意见》等有关规定，农村宅基地属于集体所有，农民对宅基地只有使用权。农村宅基地的使用权包含以下内容：①只有集体经济组织的内部成员才有使用权；②农户对宅基地上的房屋享有所有权，依照房地一体原则，农户可以将其房屋转让给本集体经济组织的其他村民，但不能转让给非本集体经济组织的成员或者城镇居民；③每户只可拥有一处宅基地，且面积不得超过规定的标准；④农户可以无偿取得宅基地使用权，并无期限使用。上述①②规定了非本集体经济组织的成员或者城镇居民无权购买；③④规定了无宅基地的村民可以申请无偿取得宅基地，已经有宅基地的村民不允许再超标准购买宅基地。现行法律和政策严格控制或禁止了宅基地的转让，这与农村大量闲置宅基地亟待转让的现实情况相冲突，也是农村宅基地转让法律纠纷案件频发的缘由。

笔者建议政府购买退户农民自愿退出的宅基地，参照同时期区县征地政策对农村宅基地使用权、住房及其他附着物给予一次性补偿，由乡镇政府统一复垦为耕地，并界定为"国有农地"由乡镇政府管理，乡镇政府可以直接将"国有农地"有偿出让给规模经营户耕种。新增"国有农地"可以折算为"地票"，采取城乡建设用地增减挂钩的方式，将"地票"转移给需要增加建设用地的城市。为此，政府要建立专项的宅基地购买复垦周转基金，基金主要源于财政投资、"地票"转让收入、"国有农地"经营权出让收入等，用于对农户退出宅基地的补偿和复垦费用。

2. 推行和完善城乡土地置换制度

目前，进城农民市民化门槛过高。一是城市房价上涨过快，不但造成进城农民的居住成本过高，而且因为商铺、店面租用成本过高，制约了进城农民维持生计的收入增加。

积极推行和完善城乡土地置换制度，通过对农户退出宅基地的复垦新增农村耕地面积，按照增减挂钩和占补平衡原则，可以增加城市建设用地面积。同时，要摒弃城镇化建设会减少耕地面积的成见，有序推进城镇化，增加耕地面积。例如，安徽省农村人均占用宅基地190平方米[1]，而按照国家住房和城乡建设部规定，城市人均建设用地指标为90平方米左右[2]，也就是说，每转移一个农民成为市民，可以净增耕地面积100平方米。所以，应建立城市新增建设用地指标与吸纳转移人口数量挂钩机制，通过增加建设用地供给，降低城市房地产建设成本和价格，降低进城农民的居住和创业成本。完善城乡土地置换政策，涉及国土整治、拆迁补偿、土地复垦等诸多事项，重点是要提高农村基层组织的管理水平，主要是本着自愿的原则，鼓励进城农民退出宅基地，坚决杜绝和防范"逼农民上楼"等随意侵犯农民利益的现象发生。要明确宅基地复垦验收标准，加强对国土整治和土地复垦的监管，保证复垦新增耕地质量。

3. 改革现行的土地出让金分配和使用制度

由于基础教育、医疗卫生、社会保障等基本公共服务供给严重不足，一些城市提高了进城农民市民化的户籍门槛，而附着在城市户籍之上的社会福利项目都将进城农民排除在外。

要改革现行的土地出让金分配和使用制度，按照规定比例用于增加基础教育、养老、医疗以及保障性住房等投入，以增强城市基本公共服务能力，提高人口的承载力。同时，要构建以人口为基本因素的政府间转移支

---

[1] 安徽省国土资源厅网站：
http://www.ahgtt.gov.cn/news/show.jsp?row_id=2009090000004666

[2] 根据中华人民共和国住房和城乡建设部关于发布国家标准《城市用地分类与规划建设用地标准》的公告（编号GB50137-2011），新建城市的规划人均城市建设用地指标应在85.1～105.0 m²/人内确定。

付制度。由于教育、卫生、社会保障等基本公共服务支出规模都与人口数量直接挂钩，因此，要创建以人口为基本因素的均等化转移支付制度，实现政府间支出责任与财力相匹配的财政体制，保障新增转移人口享受真正的市民待遇，提高城镇化质量。

4. 提升中小城市和小城镇的人口集聚能力

与现行的行政体制和财政分配制度相联系，各类优质资源通常是向行政级别较高的城市集中，大城市既是行政中心，也是经济中心，更是文化、教育、科研、医疗中心，承担的功能过多，超过了环境资源承载力，人地矛盾凸显，房地产刚需引发的价格上涨压力大。同时，房地产的预期价格是与其相配套的基础设施、公共服务等相联系的，优质的教育、医疗、文化等公共资源过度向大城市集中，诱发更多的人口向大城市流动，进一步推动房地产价格上涨。与此相反，部分坐落在国家级重点开发区的环境资源承载能力较强、城镇化基础较好的中小城市近些年出现人口负增长情况，不利于人口集聚和产业集中，严重制约了国家主体功能区战略的实施。例如，根据表6-2的统计结果，与合肥市人口大量净流入相反，皖江城市带的宣城、池州、六安等中小城市的城区人口呈现净流出现象。

因此，必须进一步明确政府间事权与支出责任，完善政府间转移支付制度，扭转优质公共资源过度向大城市集中的趋势，加大对中小城市和小城镇的基础设施和基本公共服务支出，改善中小城市和小城镇的投资环境以及教育、医疗、文化等基本公共服务能力，增强其对人口吸引和集聚能力。

二、促进人口流动与主体功能区规划相一致

主体功能区规划既注重"物"的空间流动，也注重"人"的空间流动，人口迁移与布局必须与主体功能区规划相适应。我国人口布局与主体功能区规划严重不协调，主要表现为人口布局与生态环境的不协调、经济集聚与人口布局情况极不相称、人口迁移趋势与主体功能区规划相悖。当前应积极利用财政政策，消除全国劳动力市场形成的主要制度或体制性障碍，促进限制、禁止类开发区人口流出，增加重点、优化类开发区吸纳人口的能力，引导人口向目标功能区合理流动。从区域或空间范围来看，只有人口布局与生

态环境承载力、经济集聚程度等相一致，才能实现区域协调发展。然而，我国人口、资源与环境缺乏空间分布的协调性，人口分布与流动不适合主体功能区建设要求，必须积极发挥政府的主导作用，积极利用财政政策，引导人口向目标功能区合理流动。

（一）我国人口分布与流动不适合主体功能区建设要求

我国人口布局与主体功能区规划严重不协调，主要表现在以下几个方面。

1. 人口布局与生态环境的不协调

一些环境资源承载力较弱且承担全国或区域性生态功能的地区人口超载现象严重，导致生态破坏严重。从东、中、西三大地区来看，东部地区为人口净迁入地区，中部地区为人口净迁出地区，西部地区人口迁入迁出大体相当[1]。受民族人口政策和生育观念等影响，我国西部生态环境脆弱地区的人口自然增长率高于全国平均水平。例如，2007年全国人口平均增长率为5.17‰，而新疆为11.78‰、宁夏为11.30‰、西藏为9.76‰、青海为8.80‰、广西为8.20‰、云南为6.86‰、贵州为6.68‰[2]。这些地区的人口超载率为30%。人口的生态环境超载引发的问题是十分严重的，例如，我国西北地区大部分是干旱缺水、植被覆盖率低的生态环境脆弱地区，但是由于人口超载，植被破坏，导致西北地区成为沙尘暴的主要沙源地；三江源地区无节制的人口增加，加剧了生态环境恶化和水源涵养能力减退，导致三江中下游广大地区旱涝灾害频繁，危及长江、黄河流域的生态安全。

2. 经济集聚与人口布局情况极不相称

相对于经济及欠发达的限制开发区，一些经济发达的优化开发区和重点开发区集聚的人口数量过少，引发区域间收入差距的悬殊。从国际经验看，经济总量集聚的地区，应该是就业机会多、人口相应集中的地区。如美国、日本人均GDP的地区差距，最高的地区不过是最低的地区的2倍左右。日本三大都市圈，提供了全日本70%的GDP，集中了65%的人口，

---

[1] 牛雄. 主体功能区构建的人口政策研究[J]. 改革与战略，2009（4）.
[2] 熊理然，成卓，李江苏. 主体功能区格局下中国人口再布局实现机理及其政策取向[J]. 城市，2009（02）.

地区之间人口分布与经济布局是均衡的，区域之间的发展也比较协调。目前，东部的环渤海、长三角和珠三角等三大优化开发区集中了全国40%的GDP，却只居住全国20%的人口，导致人均收入相对过高；中西部地区的农产品主产区既是人口密集区，也是经济欠发达地区，导致人均收入相对较低。我国人均GDP最高的省区是最低省区的十多倍，2004年西部、中部和东北地区的人均GDP分别相当于东部地区37%、42%和66%。

3.人口迁移趋势与主体功能区规划相悖

一些环境资源承载力较强的重点开发区人口集聚能力不强，一些生态环境脆弱的限制与禁止开发区人口迁移较慢。根据主体功能区规划的要求，优化、重点类开发区域将是我国的主要经济聚集区域，也是全国主要城市化地区，到2020年要集中全国60%左右的人口和70%左右的经济总量[1]，实现人口分布与经济分布相匹配，实现人均GDP的空间上基本均衡，从而有利于各类主体功能区之间居民收入差距的缩小。例如，1995~2000年，新疆、宁夏、西藏、云南等省（区）均是人口净迁入地区。在安徽省，国家级重点开发区的皖江城市带部分地区甚至出现人口的负增长，而国家级限制开发区淮北平原和皖西大别山生态功能区的人口增长率较快。杨金花(2007)根据2000年人口普查数据计算得出，我国人口流动主要表现为重点开发区域流向优化开发区域，限制、禁止开发区域人口流出量较小。具体主体功能区人口流动情况如表6-3所示。

表6-3 主体功能区人口流动情况表

重点开发区域	优化开发区域
人口净迁出（-1 664万）	人口净迁入（+1 727万）
限制、禁止开发区域　　人口净迁出（-163万）	

资料来源：杨金花.主体功能区建设中人口区际迁移问题研究报告[R].国家发改委规划司规划处，2007.

---

[1] 全国主体功能区规划（2009~2020年）——构建高效、协调、可持续的美好家园（征求意见稿）

（二）制约限制开发区人口合理迁移的因素分析

与城镇化地区居民收入存在较大差距，成为诱发限制开发区人口迁移的主要动因。但是，当前存在诸多制约限制开发区迁移的因素，增加了人口流动的"区域黏性"成本。

第一，土地制度因素。一部分竞争力较强的农村人口进入城市，购买了住房，有可靠的收入，事实上已经完全融入了城市，具备取得城市户口的条件，户籍却保留在农村，依然选择"流而不迁"。在现行法律制度下，农村土地承包经营权和宅基地等属于村民集体所有，农民无权向村外居民出售或转让村民农村土地承包经营权和宅基地。虽然《中华人民共和国农村土地承包法》第二十六条规定："承包期内，承包方全家迁入小城镇落户的，应当按照承包方的意愿，保留其土地承包经营权"，农民还是顾虑本轮土地承包到期后，下一轮的土地承包权、宅基地使用权将会因为户口牵走而丧失。近些年农村孩子考上大学以后，绝大多数也选择不迁户口。除了"北上广"等一线城市户籍对高校毕业生有吸引力外，二三线城市户籍已经丧失对"体制外就业"[1]的高校毕业生的吸引力，高校毕业生一般都将户籍留在生源地。农村土地承包经营权和宅基地等要素不能参与市场交换，是导致限制开发区人口主动选择"流而不迁"的重要原因。

第二，户籍制度因素。住房、就业社会保障、教育等福利与户籍相关联，导致进城务工人员就业和收入不稳定，子女受教育成本高。同时，城镇居住成本、生活成本也较农村高，导致农村劳动力人口被动选择在城乡之间"候鸟式"往返流动，而非举家迁徙。因此，城乡二元的户籍制度阻碍了限制开发区人口流出，是限制开发区劳动力人口被动接受"流而不迁"的主要原因。

第三，教育与文化因素。在各类主体功能区中，限制和禁止开发区域人均受教育年限最短，仅为7.43年，而全国人均受教育年限为8.5年[2]。限

---

[1] 本文的"体制外就业"是与"体制内就业"相对应的概念。"体制内就业"指在国家机关和国有企事业单位正式就业的在职人员，不包括国家机关和国有企事业单位的临时雇佣人员；"体制外就业"指在国家机关和国有企事业单位正式就业以外的其他在职人员。

[2] 教育部部长周济：我国国民人均受教育年限超过8.5年
中国共产党新闻网：http://cpc.people.com.cn/GB/104019/104109/6385574.html

制开发区农民文化水平低，也缺乏必要的技能培训，导致就业竞争能力不足，农民工在城里只能从事脏苦累，报酬低、稳定性差的临时性工作，没有能力承担起举家迁移到城市生活，只能将老人和孩子留在家乡。此外，限制开发区的重点生态功能区人口主要集中在中西部老少边穷地区，尤其是少数民族人口集聚的区域，由于文化习俗、语言、社会历史原因导致民族区域剩余劳动力转移就业困难。

第四，交通与环境因素。一些重点生态功能区地处深山区，交通与信息闭塞，由于缺乏就业技能和就业信息，走出深山、融入城市的机会相对较小。即便重点生态功能区青壮年劳动者走出大山，往往也是"离乡不离土"，往返于就业地与户籍地之间。由于重点生态功能区一般都地处深山区，来往交通费用高、途中占用时间长，交通与环境因素也阻碍地处偏远山区的限制开发区人口迁移。

（三）促进限制开发区人口向重点开发区迁移的财政政策

依照"政府引导、市场调节、自由流动"的原则，财政政策的有效实施，对降低限制开发区人口迁移的"区域黏性"成本，促进人口合理迁移将会起到重要作用。财政政策要有利于鼓励居民进城落户和退出农村土地，有利于促进人口就近转移和跨区域转移相结合，引导民族人口向民族自治区域重点开发区有序迁移。

第一，建立促进户籍制度改革和从农村土地退出的财政政策，鼓励进城落户家庭"离乡也离土"。农民进城后土地要素不能变现，是导致"离乡不离土"的主要原因。我国宪法规定农村土地属于集体所有，我国必须在坚持土地公有制性质不变、耕地总量不减少和农民权益不受侵害的前提下，积极探索农村宅基地、土地承包经营权等要素的退出机制，改变"离乡不离土"造成的土地资源利用效率过低的局面。近些年，一些地方积极利用财政政策，在鼓励进城落户家庭"离乡也离土"方面进行了制度创新，值得继续完善并在全国范围内推广。例如，按照《重庆市户籍制度改革农村土地退出与利用办法（试行）》（渝办发〔2010〕203号）的规定，对农户自愿退出其农村住房、宅基地以及承包地转为城镇居民的，财政在农户退出土地的收入补偿、土地整治、复垦和再利用等方面给予相应支持，盘

第六章 促进人口流动与城乡土地置换相协调

活了农村闲置土地资源,提高了农民进城落户的积极性。

第二,增加对限制开发区重点开发镇的财政体制补助,引导部分人口就近转移。相对于跨区域的长途人口迁移,就近人口转移成本较低,文化冲突也较小。应当结合主体功能区规划的实际情况,积极运用财政政策,引导限制开发区人口就近转移。在各个省级主体功能区规划中,对一些以县为基本单元的限制开发区都选择了城镇化基础较好、环境资源承载力较强的镇作为重点开发镇。例如,《安徽省主体功能区规划》在皖南省级重点生态功能区选择了10个县(市、区)的17个镇作为省重点开发镇,在黄淮海平原南部地区、长江流域下游地区以及江淮丘陵地区等国家级农产品主产区选择40个县(市、区)的116个镇(实验区、试验区)作为重点开发镇。一方面,财政要加大对限制开发区重点开发镇的基础设施和基本公共服务投入,改善人居和投资环境,提高文化、教育、卫生以及社会保障水平。另一方面,要发挥当地资源优势,通过财政信用、财政贴息或税收优惠等政策,促进地方特色经济和生态产业发展,促进就业和改善居民收入。然而,当前中西部地区乡镇财政收支矛盾突出,只有增加对限制开发区重点开发镇的财政体制补助,才能使其有足够的财力提高集聚人口的能力。

第三,增加对限制开发区教育的财政投入,促进部分人口跨区域迁移。我国限制开发区主要集中在中西部地区,限制开发区人口出生率高,人口超载严重,受教育年限短、文化水平低,接受新鲜事物的能力弱,人口流动性差。从区域之间人口总量看,中西部地区存在净超载人口。一般跨区域人口迁移成本较高,根据人力资本收益模型,青年人的跨区域流动的动因较强。因此,增加对中西部限制开发区的教育投入,能促进人口跨区域迁移,减少中西部限制开发区超载人口。首先,要增加对中西部限制开发区的基础教育的财政投入,提高基础教育水平,东部发达地区高校应增加对中西部限制开发区的招生计划。其次,增加对中西部限制开发区的职业教育的财政投入,提高职业教育水平,政府还应主动充当职业学校与东部重点开发区企业之间的纽带,为职业院校提供市场人才需求信息,大力提倡订单式培养,有针对性地为东部地区培养蓝领工人。"教育移民"有利于提高中西部限制开发区青少年人口的就业竞争、文化融入和社会适应能力,提高跨区域人口迁移的效率。

第四，采取差别化财税政策，引导民族区域人口有序迁移。按照全国主体功能区规划，我国西部的藏中南地区、天山北坡地区、北部湾地区、宁夏沿黄经济区、呼包鄂地区等五个重点开发区主要位于民族自治区域，这些重点开发区周边都是少数民族人口集聚的重点生态功能区和农产品主产区，从迁移成本、民族文化习俗等因素考虑，应当重点引导限制开发区的少数民族人口向这些民族自治重点开发区域流动。由于少数民族人口迁移流动相对较低、分布相对凝固化，因此，政府在引导人口迁移的资金支持上，应有别于其他地区，要加大对人口迁移的财政补贴力度。在民族自治重点开发区域的教育、文化、医疗以及基础设施建设等方面，要体现民族特色，尊重民族习惯；利用税收优惠政策，积极发展民族特色产业，支持发展适应本民族生产、生活需要的特色产业。

影响人口流动的因素是非常复杂的，既有经济因素，也有文化、民族、宗教等因素，在我国还有一些制约人口流动的特殊因素，例如，户籍制度、土地制度、社会保障制度、教育制度、就业制度等在城乡和区域之间依然明显带有歧视性、差异性和分割性。解决上述限制人口合理流动的制度性或体制性障碍问题，只有政府积极运用财政政策手段，才能提高重点开发区的人口集聚能力，消除限制开发区等人口迁移"黏性"，引导人口流动符合主体功能区规划的要求。

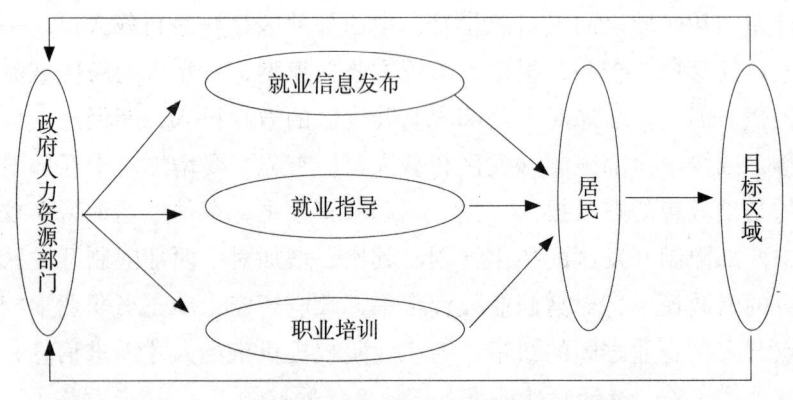

图 6-1 促进主体功能区人口合理流动流程图

三、促进土地开发权与人口并流

长期以来，由于缺乏科学的国土空间规划，形成空间无序开发格局，导致耕地资源减少和生态环境破坏。仅在1990—2010年间，我国城市建成区面积就净增2.5万平方千米以上，仅2003年各地设立的各类经济开发区就占掉耕地168万亩，同比增长37%。我国耕地每年以近700万亩的速度锐减，2001年至2010年共减少耕地1.59亿亩，目前我国人均耕地面积只有1.3亩，仅为世界平均水平的1/3，坚守18亿亩耕地红线压力巨大[1]。正是基于这样的情况，2006年通过的《"十一五"规划纲要》提出："根据现有资源环境承载力、开发密度和发展潜力，统筹考虑我国未来人口分布、经济布局、国土利用以及城镇化格局，将整个国土空间划分为优化开发、重点开发、限制开发以及禁止开发等四类主体功能区域，按照主体功能定位调整完善区域政策与绩效评价，规范空间开发秩序，形成合理的空间开发结构。"2010年12月颁布了《全国主体功能区规划》，目前各地也相应出台省级层面主体功能区规划。土地开发权与人口并流，是指在主体功能区建设背景下，土地开发权由限制开发区（乡村地区）转移到重点开发区（城镇化地区），要求人口也随之同向流动。本文认为在主体功能区建设背景下，城乡土地置换可以进一步拓展为重点开发区（城镇化地区）与限制开发区（乡村地区）之间的土地置换，并以皖江城市带为例，讨论在特定经济区域范围内，坚持城乡建设用地增减挂钩和耕地占补平衡的原则，将城镇建设用地指标与吸纳农产品主产区的剩余劳动力以及GDP总量等指标挂钩，促进限制开发区与重点开发区土地开发权与人口并流。

（一）土地开发权与人口并流的必要性

在主体功能区建设背景下，为了缩小区域间收入差距、转移农村剩余劳动力和降低生态功能区的超载人口压力，土地开发权与人口必须并流，即土地开发权由限制开发区（乡村地区）转移到重点开发区（城镇化地区），要求人口也随之同向流动。具体理由如下：

首先，是缩小地区间人均收入差距的需要。我国限制禁止开发区主要

---

[1] 邱敦红. 新形势下的中国土地问题 [J]. 求是，2012（08）：28-30.

分布在中西部地区，本来人均收入就低，随着主体功能区建设的推进，限制、禁止开发区域在全国范围内所占GDP的份额会进一步下降，导致经济总量与人口规模极不匹配。只有降低限制、禁止开发区人口比重，才能防止不同类型主体功能区之间人均收入水平和生活条件的差异进一步加剧。

其次，是实现环境承载能力与人口相匹配的需要。我国地势西高东低，西部地区生态脆弱，主要江河均发源于西部高原和山区，一些作为全国或区域性的生态屏障地区人口超载严重，过度的人类活动是导致我国生态环境恶化的主要原因之一，因此必须对重要的生态功能区实行生态移民。

最后，是实现劳动力资源在空间优化配置的需要。一方面，我国重要的农产品主产区都是人口稠密地区，随着农业生产效率的提高，产生了大量的农村剩余劳动力亟待转移；另一方面，重点开发区将成为我国未来的新的经济增长极，需要吸纳大量的劳动力资源。因此，必须促进农产品主产区的剩余劳动力向重点开发区转移，实现劳动力资源在空间上优化配置，提高劳动力的使用效率。

需要说明的是，虽然重点开发区和优化开发区都是城镇化地区，但是考虑到一些重点开发区人口承载力相对较强，优化开发区人口承载力已经趋于饱和，未来应重点引导生态功能区的超载人口和农产品主产区的剩余劳动力流向重点开发区。主体功能区建设背景下的人口流向应该与土地开发权转移的方向是一致的。

（二）促进土地开发权与人口并流的原则

在主体功能区建设背景下，促进土地开发权与人口并流，必须坚持如下原则：

一是市场调节与政府调控相结合的原则。在主体功能区建设背景下，必须积极引导人口从限制开发区流向重点开发区。地区间收入差距会引起人口流动具有自发性和盲目性，同时文化差异、就业机会、公共服务水平等因素造成的区域"黏性成本"会阻碍人口迁移。因此，如果没有政府的组织引导，单凭市场机制本身人口迁移很难达到理想的状态。

二是行政区域平衡与经济区域平衡相结合的原则。目前的主体功能区规划是以县为基本行政单元，不同的行政区域具有不同的主体功能定位，这决定了规划期内各个行政区域的土地开发时序、开发强度以及人口布局与城镇化水平。因此，在保证行政区域人口与土地开发权基本一致的基础上，还要在一定的经济区域范围内，让不同的行政区域之间人口流动与土地开发权转移相协调。

三是人口跨区域流动与就近迁移的原则。考虑到迁移成本、文化习俗和气候条件的适应性情况，在组织人口跨区域流动时，应当尽量避免人口的跨区域长途迁徙，积极组织农产品主产区剩余劳动力和生态功能区环境超载人口向附近的重点开发区流动，通过城乡土地置换方式，促进限制开发区的土地开发权向重点开发区转移。

四是跨区域城乡建设用地增减挂钩和耕地占补平衡的原则。为了保护和节约利用耕地资源，各个地区在城镇化建设过程中都要遵循区域城乡建设用地增减挂钩和耕地占补平衡的原则。由于主体功能区定位以及人口、土地资源数量的不同，不同地区对土地需求量也有很大差异，会出现地区间建设用地指标结余和不足情况并存。因此，在主体功能区建设背景下，应当坚持跨区域城乡建设用地增减挂钩和耕地占补平衡的原则。

（三）促进土地开发权与人口并流例解

本文将以皖江城市带为例，讨论在主体功能区建设视阈下，如何促进促进土地开发权与人口并流。

1. 皖江城市带城乡人口和建设用地增减变化情况分析

2010年1月，国务院批复《皖江城市带承接产业转移示范区规划》，规划范围包括合肥、芜湖、马鞍山、铜陵、安庆、池州、滁州、宣城和六安市的金安区、舒城县，共59个县（市、区），全区可利用土地资源103.08万公顷。在《全国主体功能区规划》中，皖江城市带既是重点开发区的江淮地区，也是限制开发区的长江流域农产品主产区。为了保证耕地面积不减少，各个重点开发区在增加城镇建设用地的同时，必须相应减少农村建设用地。在《安徽省主体功能区规划》中，还以县为行政单元，对皖江城市带59个县（市、区）进一步作重点开发区（城镇化和工业化地区）和限制开发区（农产品主产区）划分。

（1）城乡人口增减变化情况。根据《皖江城市带承接产业转移示范区规划》，2008年皖江城市带总人口为3 058万人，城市化率46.4%；2015年规划人口为3 300万，城市化率达到55%。由此得出2008年城镇人口为1 419万人，农村人口为1 613万人；2015年城镇人口达到1 800万，农村人口下降为150万（参见表6-4）。

表6-4　2008—2015年皖江城市带城乡人口变化情况

指标 年份	总人口（万人）	城镇化率（%）	农村人口（万人）	城镇人口（万人）
2008	3 058	46.4	1 613	1 419
2015	3 300	55	1 500	1 800

数据来源：根据《皖江城市带承接产业转移示范区规划》相关数据得出

因此，2008—2015年间，皖江城市带累计增加城镇人口381万人，皖江城市带农村人口净减少113万。

（2）城乡建设用地增减变化情况。依据住房和城乡建设部和中华人民共和国国家质量监督检验检疫总局于2010年12月24日联合发布的《城市用地分类与规划建设用地标准》（GB50137-2011），新建城市的规划人均城市建设用地指标应在85.1～105.0平方米内确定。按照国家规定标准的中间值，即按照人均城镇建设用地95平方米确定，2008—2015年间，皖江城市带重点开发区新增城镇人口381万人，要增加城市建设用地面积36 195万平方米。笔者认为缺口部分主要依靠减少农村人口，增加城市建设用地的方式解决。按照人均退出宅基地190平方米计算，2008—2015年间，皖江城市带农产品主产区减少农村人口113万人，共计减少农村建设用地21 470万平方米，可以采取城乡土地置换的办法，将减少农村建设用地21 470万平方米用于增加城镇建设用地指标，实现城乡建设用地增减挂钩（参见表6-5）。

表6-5 2008-2015年皖江城市带城乡建设用地变化情况

年份\指标	农村人口（万人）	农村建设用地面积（万平方米）	城镇人口（万人）	城镇建设用地面积（万平方米）
2008	1 613	30 6470	1 419	134 805
2015	1 500	28 5000	1 800	171 000

数据来源：根据《皖江城市带承接产业转移示范区规划》相关数据计算得出

皖江城市带区域内城乡建设用地增减相抵，城市建设用地缺口为14 725万平方米，可以通过土地整治、开发利用荒地等措施增加耕地面积，用于弥补城镇建设用地指标缺口，实现耕地占补平衡。

2. 促进皖江城市带土地开发权与人口并流的措施

在主体功能区建设背景下，城乡土地置换必须建立在农村人口数量减少的基础上，否则就会导致大拆大建的浪费现象，为了减少浪费，应尽量做到只拆不建或者小拆小建。主要通过农村人口减少，减少农村宅基地占地面积和加强国土整治，促进土地连片，减少田埂占地。促进皖江城市带土地开发权与人口并流的措施如下：

（1）促进跨区域的城乡建设用地增减挂钩和耕地占补平衡

皖江城市带各重点开发区政府，要将一定比例的土地出让金收入，用于弥补农产品主产区的土地整治成本和退地农民补偿。试行的城乡建设用地增减挂钩主要是以县市为行政单位，导致地区之间用地供求矛盾较大。例如，2008年铜陵城市人口为58.85万，中心城区建设面积61.9平方千米，按照规划2015年城市人口达到75万人，建设面积达到73平方千米，需要增加城镇建设用地11.1平方千米。2008年铜陵市耕地面积只有26.3万亩，显然在本市范围内很难实现耕地的占补平衡和城乡建设用地增减挂钩。因此，建议突破行政区域限制，坚持城乡建设用地增减挂钩和耕地占补平衡的原则，在皖江城市带范围内，将城镇建设用地指标与吸纳农产品主产区的剩余劳动力以及GDP总量等指标挂钩，实现主体功能区人口流动与土地开发权转移相协调。对农产品主产区自愿以家庭为单位退出农村土地承包经营权、宅基地使用权及农房的农民（以下简称退地农民），按照宅基地和承包经营地面积给予一次性补偿。退地农民将宅基地与承包经营地一起转由当地农村集体组织统一分配、管理，土地承包经营权流转收入归集体所有。皖江城市带各重点开发区政府，要根据取得的新增建设用地指标数量，支付农产品主产区的土地整治成本和退地农民补偿。

（2）促进皖江城市带吸纳农产品主产区退地农民流入

皖江城市带各个重点开发区域政府，必须增加就业、住房、教育、医疗等基本公共服务的投入，以吸纳限制开发区退地农民流入，让其享受市民待遇。将皖江城市带各个重点开发区域吸纳退地农民流入量作为分配建设用地指标的主要依据，各地增加土地开发指标不仅要与GDP挂钩，还要与吸纳限制开发区农民流入(取得本地城镇居民户口)数量挂钩。令皖江城市带 t 个重点开发区可新增建设用地指标为 $\triangle JM$，其中某个重点开发区可新增建设用地指标为 $\triangle JM_N$，则土地发展权总需求为：

$$\triangle = \sum_{N=1}^{t} \triangle JM_N = \triangle JM_1 + \triangle JM_2 + \triangle JM_3 + \triangle JM_4 \ldots\ldots + \triangle JM_t (N\ldots\ldots t)$$

令皖江城市带 t 个重点开发区上年度吸纳限制开发区人口总数为 $\triangle CRK$，其中某个重点开发区上年度吸收限制开发区人口数为 $\triangle CRK_N$；t 个重点开发区上年度新增产值总量为 $\triangle GDP$，其中某个重点开发区上年度新增产值总量为 $\triangle GDP_N$。综合考虑人口、经济集聚情况，则其中某个重点开发区计划年度新增土地开发指标为：

$$\triangle JM\ N = \triangle GM \times (\frac{\triangle CRKN}{\triangle CRK} \times 50\% + \frac{\triangle GDPN}{\triangle GDP} \times 50\%) \quad (N=1\ldots\ldots t)$$

以"总量平衡，区域调节"为原则，在皖北农产品主产区和皖江城市带之间，实行跨区域的城乡建设用地增减挂钩与耕地占补平衡政策。将整个皖江城市带的农产品主产区（限制开发区）和皖北农产品主产区的减少建设用地面积或新增耕地面积与重点开发区新增建设用地指标平衡，在皖江城市带范围内跨地区调节。由于遵循的是农民退地自愿原则，政府部门（安徽省国土资源厅）可以综合考虑城市建设用地需求与退地农民宅基地复垦情况，调整退地补偿标准，以退地补偿标准调节农地发展权供求关系，实现城乡土地置换中土地供求的动态平衡。

第七章 重点开发区新增建设用地指标的激励机制研究

本章提出了我国建设用地供求空间失衡以及重点开发区建设用地指标不足的负面影响,并以皖江城市带为例,尝试构建重点开发区新增建设用地指标的激励机制。

一、问题的提出与相关文献综述

长期以来,由于缺乏有效的国土空间规划,土地资源遭受无序开发,导致建设用地供给与产业布局、人口集聚之间严重失调。当前,区域性中心城市人地矛盾进一步加剧,房地产价格过高,居民生存成本上升;一些区位优势不明显、人口与经济集聚能力较差的中小城镇占用建设用地指标相对较多,导致房地产"去库存"压力过大,城市建设用地低效利用;因为人口不断向城市流动,农村地区则出现大量"空心村"现象,农村建设用地严重闲置。《全国主体功能区规划》(国发〔2010〕46号)将全部国土空间划分为优化开发区、重点开发区、限制开发区和禁止开发区等四种类型。其中重点开发区是未来重点进行工业化城镇化开发的城市化地区,是新的经济增长极和人口集聚地。显然,增加重点开发区建设用地指标,引导人口、资本等生产要素不断向重点开发区流动,对缓解人地矛盾具有重要意义。

近些年,学术界较为一致的观点是实施差别化的土地政策,以优先保障重点开发区城镇化建设用地的需求。例如,胡存智[1](2011)主张通过修编土地资源利用规划、城市建设规划以及增加年度建设用地计划等手段增

---

[1] 胡存智. 差别化土地政策助推主体功能区建设 [J]. 行政管理改革, 2011(04): 19-25.

加重点开发区建设用地供给。程力❶(2014)主张通过优先安排重点开发区城乡建设用地增减挂钩、未利用土地资源综合开发、低效用地再利用等土地利用改革试点，拓宽新增建设用地来源和渠道。关于差别化土地政策指标的设计问题，欧胜彬等❷(2014)主张根据各地完成土地管理绩效指标的情况，实行量化考核，将预留指标和盘活指标作为奖励用地指标。郭杰等❸(2016)则认为新增建设用地指标分配不仅要考虑社会经济发展水平因素，还应引入耕地保有量和建设用地可拓展空间等总量约束指标。因为受到土地利用总体规划、城市建设规划等约束，单纯依靠年度新增建设用地指标难以体现主体功能区差别化土地政策，无法满足重点开发区进行大规模城镇化开发和集聚人口的用地需求。主体功能区建设也是国家对建设用地指标在空间上的分配和再分配过程。推动重点开发区城镇化、工业化建设，必须在坚持市场对资源配置的决定性地位基础上，正确发挥政府的宏观调控作用，通过有效的激励机制体现主体功能区差别化土地政策，加大对重点开发区新增建设用地指标和城乡建设用地增减挂钩周转指标安排倾斜力度。但是，为了保障粮食安全和生态安全，国家划定的耕地红线、生态红线不能突破，必须在符合国家土地资源利用、环境保护等规划的前提下，进行城市规划和建设。

二、重点开发区建设用地供求失衡及危害

根据主体功能区规划的要求，重点开发区要扩大城市建成区规模，建设具有辐射能力较强的中心城市，并带动周边中小城市发展，形成城市群和城市带。在主体功能区战略背景下，一定要促进土地、劳动、资本等生产要素向重点开发区流动，保证重点开发区新增建设用地指标与其城镇化建设要求相匹配。但是，重点开发区建设用地供求失衡已经引发了一系列

---

❶ 程力.对主体功能区战略下的差别化土地政策的探讨——以广西为例[J].南方国土资源，2014(07)：45-48.

❷ 欧胜彬，农丰收，陈利根.建设用地差别化管理：理论解释与实证研究——以广西北部湾经济区为例[J].中国土地科学，2014(01)：26-32.

❸ 郭杰，包倩，欧名豪.基于资源禀赋和经济发展区域分异的中国新增建设用地指标分配研究[J].中国土地科学，2016(06)：71-80.

严重的社会经济问题。

（一）重点开发区建设用地供求失衡状况

重点开发区对建设用地有着巨大潜在需求。从全国的人口与经济在各类主体功能区分布情况来看，限制开发区土地面积占全国的比重为84.99%，常住人口占全国的45.66%，GDP却仅占全国的27.82%，限制开发区主要是由农产品主产区和重点生态功能区组成的农村地区，主要承担保障国家粮食和生态安全的职能，要重点保护耕地和生态用地，需要转移剩余劳动力和生态超载人口，减少建设用地面积。优化开发区土地面积只占全国的1.41%，GDP占全国的比重高达28.57%，常住人口占全国的13.78%，人口密度高达1 352人/平方千米，将近全国平均水平（139人/平方千米）的10倍，环境资源承载力已经饱和，进一步集聚人口和经济的能力下降。重点开发区面积占全国的13.63%，GDP占全国的43.61%，常住人口占全国的40.56%，常住人口密度仅为410人/平方千米，不到优化开发区的三分之一，单位面积GDP不到优化开发区的六分之一。显然，相较于优化开发区，重点开发区具有巨大的集聚人口和经济的空间承载能力，应是限制开发区过剩或超载人口的主要流入地区。为实现各个主体功能区常住人口均衡分布状态，限制开发区应迁移15 966.81万人到重点开发区[1]。就城镇化地区来讲，重点开发区具有很强的人口和经济集聚能力，对建设用地有着巨大潜在需求。

重点开发区建设用地供给总量不足与空间不均衡并存。首先，重点开发区建设用地供给总量不足。随着城镇化的推进和主体功能区战略的实施，大量农村人口由限制开发区流向重点开发区。但是，因为农村土地制度改革相对滞后，宅基地等农村集体建设用地的退出和补偿机制尚未建立，导致宅基地等农地开发权不能与人口并流[2]，限制开发区农村集体建设用地闲置与重点开发区城镇化建设用地不足并存。目前，全国城镇国有建设用

---

[1] 许宗凤，徐诗举.皖江城市带城乡土地置换情况调研——基于主体功能区的视角[J].铜陵学院学报，2016（5）：61-64.

[2] 许宗凤，徐诗举，张宏妹.促进限制开发区与重点开发区土地开发权与人口并流——基于城乡土地置换的视角[J].西昌学院学报（自然科学版），2013（3）38-42.

地总面积仅为91 612平方千米，而农村集体建设用地面积高达19 1158平方千米，农村集体建设用地面积中70%以上是宅基地，而全国城镇常住人口占56.1%，农村常住人口只占43.9%[1]。因此，重点开发区的主体功能定位无法体现，建设用地需求得不到满足，难以满足其生产、生活和生态用地的需要。其次，重点开发区建设用地供给空间结构不均衡。近些年，国家通过对重点开发区中心城市减少供地，对中小城市供地倾斜，以严格控制大城市规模进一步扩张，支持中小城市加快发展。重点开发区不同城市之间供地也很不均衡，直接导致建设用地供给与建设用地需求之间严重脱节，经济和人口集聚较快的中心城市往往不能得到与之相应的新增建设用地指标，一些经济发展较慢、人口集聚能力较差的中小城市反而得到更多的建设用地指标，尤其是20万以下城市人口是负增长，居住用地却增长了17.4%[2]。

（二）重点开发区建设用地供求失衡的危害

不同类型主体功能区之间建设用地配置失衡，既造成农村地区宅基地闲置浪费，又导致城镇化地区房价过高，严重降低了城镇化质量，加剧了社会财富分配不公和经济泡沫化风险。具体危害如下。

首先，限制了农地开发权变现。从总体上看，重点开发区城市建设用地供给不足与限制开发区建设用地闲置并存的原因，是农地开发权不能与人口并流。随着农村剩余劳动力和生态超载人口的不断转移，限制开发区出现大量闲置的宅基地，造成土地资源的浪费。同时，由于没有建立有效的宅基地退出与补偿机制，农民宅基地不能变现，不利于进城务工农民收入的增加，降低了其购置城市房产的能力，也严重阻碍了其市民化进程，使城市农民工群体进一步被边缘化。

其次，抬高了城镇化成本。重点开发区是用于工业化、城市化开发的城镇化地区，是未来人口的主要集聚地和新的重要经济增长极。将来限制

---

[1] 张雯.全国人大代表蔡继明：建议允许城市居民到农村"买房或租地建房[J].每日经济新闻, 2017-3-7（06）.

[2] 任泽平：人地分离供需错配 致一线高房价三四线高库存.新浪财经 http://finance.sina.com.cn/review/jcgc/2017-01-17/doc-ifxzqhka3234057.shtml.

开发区的人口应主要向重点开发区流动。由于受到土地资源总体利用规划、耕地保有量、建设用地年度计划等指标约束，我国重点开发区建设用地严重不足。这是导致城市房价上涨的主要原因，直接导致城市生产、生活成本的上升，抬高了城镇化成本，降低了城镇化质量，也阻碍了国家主体功能区规划战略的实施。

最后，诱发了房地产投机冲动。重点开发区不同城市之间供地不均衡，主要表现为一些行政级别较高、区位优势比较明显和人口增长较快的大城市供地相对不足，也是导致这类城市房价上涨过快的根本原因[1]。为了追求GDP及与其相关的流转税，各地每年新增建设用地中，用于产业供地所占比重过高，用于住宅供地比重仅为20%，而发达国家住宅建设用地比重都高达40%以上[2]。限购等行政手段只能暂缓房价上涨过快问题，一旦反弹就会很惊人[3]。房价上涨过快，加剧了投机冲动，容易诱发一夜暴富的投机思想，导致投资动力下降，实体资本流失，增加了泡沫化风险。

三、皖江城市带建设用地配置状况

皖江城市带是安徽省重点开发区域的主体部分，主要包括合肥片区、芜马（芜湖—马鞍山）片区、铜池（铜陵—池州）片区、安庆片区、滁州片区和宣城片区。《安徽省主体功能区规划》提出要推动沿江城市跨江发展，近些年，通过行政区划调整，为合肥实现环湖（巢湖）发展，马鞍山、芜湖、铜陵三市实现跨江发展提供了空间[4]。然而，由于新增建设用地指标

---

[1] 钱净净.中国城市间房价分化的经济学解释[J].河南师范大学学报（哲学社会科学版），2016（03）：77-81.

[2] 李宇嘉.增加土地供给有利引导楼市预期[N].中国证券报，2017-03-29（A04）.

[3] 祝宝良 张延陶.房地产供给问题没有根本解决[J].英才，2017（Z1）:123.

[4] 根据"国函〔2011〕84号"，国务院同意撤销原地级巢湖市，设立县级巢湖市由合肥市代管，无为县划归芜湖市管辖，含山县、和县划归马鞍山市管辖。根据"国函〔2015〕181号"，国务院同意将安庆市枞阳县划归铜陵市管辖。根据"国函〔2011〕84号"，国务院同意撤销原地级巢湖市，设立县级巢湖市由合肥市代管，无为县划归芜湖市管辖，含山县、和县划归马鞍山市管辖。根据"国函〔2015〕181号"，国务院同意将安庆市枞阳县划归铜陵市管辖。

分配的不合理，安徽省新增建设用地供给指标分配不适应皖江城市带重点开发区建设需要。

（一）建设用地供给与人口集聚情况不协调

根据安徽省统计年鉴提供的年度数据，对2014—2015年全省主要城市市区征地面积与增加常住人口情况进行统计（见表7-1）。结果表明，2014—2015年全省22个城市（其中，16个省辖地级市，6个县级市）累计征地面积合计数为221.47平方千米，累计增加常住人口21.87万人，但是，各个城市累计增加征地面积所占比重与累计增加人口所占比重显著不成比例。首先，相对于省内其他城市，皖江城市带新增建设用地面积总体不足。例如，皖江城市带承接产业转移示范区范围内的15个城市合计新增人口占全部22个城市的66.65%，而累计征地面积仅占56.23%，新增人口超出累计征地占比10个以上百分点。尤其是皖北城市与皖江城市带情况相反，如淮南市人口是负增长，征地面积却增加8.37%。其次，皖江城市之间新增征地面积与累计增加人口所占比例脱节。例如，合肥市、芜湖市、马鞍山市常住人口增加数分别占全部22个城市的24.87%、8.23%、9.14%，征地面积则分别只占13.23%、7.29%、2.65%；而铜陵市、滁州市常住人口增加数相同，仅占全部22个城市的1.83%，但是征地面积则分别高达4.13%、12.91%。

表7-1 2014～2015年安徽省主要市区征地面积与常住人口增加情况一览表

年份	2014	2015	2014	2015	2014～2015 累计征地面积（平方千米）	所占比重（%）	2014～2015 累计增加人口（万人）	所占比重（%）
项目	市区征地面积（平方千米）		市区常住人口（万人）					
合肥市	15.07	14.22	369.9	375.34	29.29	13.23	5.44	24.87
六安市	4.24	4.64	170.3	172	8.88	4.01	1.7	7.77
马鞍山市	3.84	2.03	92.4	94.4	5.87	2.65	2	9.14
芜湖市	7.75	8.39	162.5	164.3	16.14	7.29	1.8	8.23

续表

年份 项目	2014 市区征地面积（平方千米）	2015	2014 市区常住人口（万人）	2015	2014~2015 累计征地面积（平方千米）	所占比重（%）	2014~2015 累计增加人口（万人）	所占比重（%）
宣城市	4.3	2.16	79.5	80.23	6.46	2.92	0.73	3.34
铜陵市	3.37	6.18	73.8	74.2	9.55	4.31	0.4	1.83
池州市	0.82	0.71	61.2	61.46	1.53	0.69	0.26	1.19
安庆市	-	-	-	-	-	-	-	-
滁州市	9.62	18.98	57.8	58.2	28.6	12.91	0.4	1.83
桐城市	2.1	2.14	66.9	67.38	4.24	1.91	0.48	2.19
天长市	0.5	0.5	60.8	61.12	1	0.45	0.32	1.46
明光市	0.5	0.89	53.7	53.95	1.39	0.63	0.25	1.14
宁国市	1.44	1.26	38.1	38.4	2.7	1.22	0.3	1.37
巢湖市	6.2	6.6	78.2	78.7	12.8	5.78	0.5	2.29
皖江15市合计	61.04	69.83	1 411.4	1 427.08	130.87	56.23	15.68	66.65
淮北市	3.76	3.13	114.8	115.8	6.89	3.11	1	4.57
亳州市	4.35	6.59	145.3	146.8	10.94	4.94	1.5	6.89
宿州市	4.36	5.65	169.1	170.9	10.01	4.52	1.8	8.23
蚌埠市	8.04	7.61	117.7	118.7	15.65	7.07	1	4.57
阜阳市	10.13	15.6	189.6	191.7	25.73	11.62	2.1	9.60
淮南市	14	4.53	172.9	171	18.53	8.37	-1.9	-8.69
界首市	1.65	1.2	58.4	59.09	2.85	1.29	0.69	3.16
黄山市	1.29	1.13	46.3	47.4	2.42	1.09	1.1	5.03
全省22市合计	94.94	101.55	2 379.2	2 401.07	221.47	100.00	21.87	100.00

数据来源：2015～2016年安徽省统计年鉴。注：安庆市征地面积数据缺失；为保证口径一致，2015年六安市区新增常住人口中剔除了叶集区人口数。

（二）建设用地供给与经济增长情况不协调

城镇居民人均可支配收入和城镇人均住房面积指标能够更加客观地体现当地经济发展水平。同时，抛开因供地不同引起的房价差异因素，一般而言，各地城镇居民人均可支配收入与人均住房面积之间应该成正相关关系。如果各地城镇居民人均可支配收入和人均住房面积之间成负相关关系，则说明建设用地供给与经济发展水平不协调。根据安徽省统计局提供的数据，2015年安徽省各市城镇居民人均可支配收入与人均住房面积情况如表7-2所示，人均收入水平较高的皖江城市带8市的人均住房面积都在40平方米以下，而一些人均收入水平较低的城市人均住房面积较大，尤其是经济发展水平相对较低的阜阳、亳州、淮北等皖北城市人均住房面积都在40平方米以上。根据表7-2算出城镇居民人均可支配收入和城镇人均住房面积之间的皮尔逊相关系数为-0.386，成中等负相关关系（具体情况参见表7-3），反映了城市建设用地供给与经济发展错位，经济发展较快的皖江城市各个城市的建设用地供给相对不足。

表7-2 2015年安徽省各市城镇居民人均可支配收入与人均住房面积情况

城市名称	城镇居民人均可支配收入（万元）	城镇人均住房面积（平方米）
马鞍山市	3.5262	37.71
合肥市	3.1989	35.3
铜陵市	3.1748	29.76
芜湖市	2.9766	35
宣城市	2.8602	37
六安市	2.2238	34
池州市	2.4279	39.9

续表

城市名称	城镇居民人均可支配收入（万元）	城镇人均住房面积(平方米)
滁州市	2.416 8	35.3
安庆市	2.396 6	39.3
宿州市	2.363	33.2
阜阳市	2.349 6	42
亳州市	2.312	42.12
淮南市	2.810 6	30
蚌埠市	2.636 9	31.1
黄山市	2.622 6	48
淮北市	2.569	41.99

数据来源：2016年安徽省统计年鉴

表7-3　2015年安徽16市城镇居民人均可支配收入与人均住房面积Pearson相关性

		城镇人均可支配收入	城镇人均住房面积
城镇人均可支配收入	Pearson 相关性	1	-.386
	显著性（双侧）		.155
	N	15	15
城镇人均住房面积	Pearson 相关性	-.386	1
	显著性（双侧）	.155	
	N	15	15

四、构建皖江城市带重点开发区新增建设用地激励机制

根据2016年5月国土资源部新修订的《土地利用年度计划管理办法》规定，土地利用年度计划主要包括新增建设用地计划指标（又称"增量指标"）、城乡建设用地增减挂钩指标和工矿废弃地复垦利用指标（又称"流

量指标")、土地整治补充耕地计划指标（又称"平衡指标"）等。土地利用年度计划各项指标直接或间接地影响重点开发区新增建设用地供给。由于缺乏有效的激励机制，土地利用年度计划各项指标的分配与各地经济增长和吸纳人口的贡献不挂钩，造成原本稀缺的土地资源得不到充分利用。下面以皖江城市带为例，试探构建重点开发区新增建设用地激励机制。

（一）构建人地挂钩的"增量指标"激励机制

由于安徽省人口分布与经济发展严重不协调，相对于皖北、皖西等人口密集而经济发展落后的地区，皖江城市带地区人口集聚程度要明显低于经济集中程度。例如，2015年末，皖江城市带地区户籍人口为3 105万人，仅占全省的45%，而地区生产总值为14 953亿元，占全省的的比重高达68%，经济比重比人口比重高出20个以上百分点。显然，皖江城市具有较大的集聚人口潜力。年度新增建设用地计划指标能够直接增加建设用地供给，所以又被称为"增量指标"，建议安徽省在分配"增量指标"时，不仅要考虑到经济增长因素，也要考虑到人口集聚因素，我国住宅建设用地比重仅为20%，发达国家这一比重都高达40%以上，由于新增住宅建设用地与集聚外来人口规模直接相关，从调动皖江城市带经济发达城市吸纳外来人口的积极性角度出发，将集聚外来人口因素权重确定为30%。相应地，经济增量权重为70%。

假设"增量指标"在全省16个地市之间分配，令全省可供分配年度"增量指标"总量为ΔTZL，全省16个地市上年度新增城镇人口中来自本市行政区域范围外的人数总量为ΔWRK，全省16个地市上年度新增产值总量为ΔGDP。则综合考虑经济增长和人口集聚因素，其中某个地市计划年度获得的"增量指标"ΔTZL_N为：

$$\Delta TZL_N = \Delta TZL \times (\frac{\Delta GDP_N}{\Delta GDP} \times 70\% + \frac{\Delta WRK_N}{\Delta WRK} \times 30\%) \quad (N=1\ldots\ldots16)$$

在区域间人地挂钩的"增量指标"激励机制作用下，将新增外来人口与新增建设用地指标挂钩，会促进皖江城市带的各个地市不仅注重经济发展指标，也会积极吸纳皖北平原农产品主产区和皖西大别山区重点生态功能区的农村剩余劳动力和生态超载人口的流入。

（二）构建人地挂钩的"流量指标"激励机制

在《全国主体功能区规划》的基础上，《安徽省主体功能区规划》以县为行政单元，对皖江城市带58个县（市、区）进行主体功能划分，其中划入重点开发区（城镇化和工业化地区）的县（市、区）为29个，则划入限制开发区（农产品主产区和重点生态功能区）的为29个，具体参见表7-4。皖江城市带重点开发区城镇化速度快，城镇化体系健全，城市与村镇规划衔接较好，城镇建设用地需求大，农村建设用地整理复垦潜力大，更需要统筹安排城镇建设用地增加和农村建设用地规模减小、范围撤并。城乡建设用地增减挂钩指标和工矿废弃地复垦利用指标是对建新和拆旧项目实施过程中的建设用地周转指标，要按照规定的程序申请、使用和归还，以保证建设用地面积不增加，耕地面积不减少，所以又称为"流量指标"。一般城镇化发展速度越快的地区，农村人口不断向城市流动，对"流量指标"需求越大。因皖江城市带地区经济发展水平较高，参考发达国家住宅建设用地比重一般为40%以上，因此，皖江城市带范围内应将城镇集聚区域内人口因素的比重提高为40%为宜。相应地，经济增量权重为60%。

假设皖江城市带可供分配年度"流量指标"总量为$\triangle TLL$，皖江城市带上年度新增城镇人口中来自本市行政区域范围内的人数总量为$\triangle NRK$，皖江城市带上年度新增产值总量为$\triangle GDP$。则综合考虑经济增长和人口集聚因素，其中某县（市、区）计划年度获得的"流量指标"$\triangle TLL_N$为：

$$\triangle TZL_N = \triangle TLL \times (\frac{\triangle GDP_N}{\triangle GDP} \times 60\% + \frac{\triangle NRK_N}{\triangle NRK} \times 40\%) \quad (N=1\ldots\ldots 58)$$

在皖江城市带重点开发区"流量指标"激励机制作用下，将城乡建设用地增减挂钩与城乡人口增减挂钩结合起来，会促进皖江城市带的29个县级行政单元的重点开发区不仅注重经济增长指标，也会加速推进本区域范围内人口城镇化进程。

表 7-4 皖江城市带主体功能区规划情况

主体功能区类型	主体功能区名称	主体功能区范围
重点开发区（29个区县）	国家级重点开发区（江淮地区）	合肥市：庐阳区、蜀山区、瑶海区、包河区、肥东县、肥西县；芜湖市：镜湖区、鸠江区、弋江区、三山区、繁昌县、无为县；马鞍山市：雨山区、花山区、博望区、和县、当涂县；铜陵市：铜官区、郊区、义安区、枞阳县；池州市：贵池；安庆市：大观区、迎江区、宜秀区；滁州市：琅琊区、南谯区；宣城市：宣州区
	省级重点开发区（六安片区）	六安市：金安区
限制开发区（29个县市）	国家级农产品主产区（江淮丘陵主产区）	合肥市：长丰县；滁州市：来安县、定远县、全椒县、凤阳县、天长市、明光市
	国家级农产品主产区（沿江平原主产区）	合肥市：巢湖市、庐江县；六安市：舒城县；芜湖市：芜湖县、南陵县；马鞍山市：含山县；池州市：东至县；安庆市：桐城市、怀宁县、望江县、宿松县；宣城市：郎溪县、广德县
	国家级重点生态功能区（大别山水土保持区）	安庆市：太湖县、潜山县、岳西县
	国家级重点生态功能区（皖南山区）	池州市：青阳县、石台县；宣城市：旌德县、泾县、绩溪县
	省级重点生态功能区（皖南山区）	宣城市：宁国市

资料来源：《安徽省主体功能区规划》。注：在2016年9月，国务院《关于同意新增部分县（市、区、旗）纳入国家重点生态功能区的批复》（国函〔2016〕161号）。至此，除宁国市外，安徽省级重点生态功能区的县（区）全面升级为国家级重点生态功能区，本表将《全国主体功能区规划》中国家级重点生态功能区大别山水土保持区的石台县放入皖南山区国家级重点生态功能区。

（三）建立市场化的"平衡指标"交易激励机制

"平衡指标"由补充耕地计划指标和增减挂钩结余指标两部分构成。土地整治补充耕地计划指标主要是为了完成耕地保有量指标，用于补偿新增建设用地指标占用的耕地面积，是新增建设用地指标的派生指标，主要用于实现耕地占补平衡，因此又称作"平衡指标"。此外，"流量指标"使用中，建新拆旧过程可能会产生城乡建设用地节余指标，可作为城市建设用地指标或者耕地占补平衡指标，也可以称作"平衡指标"。在皖江城市带的一些城镇化、工业化开发程度已经较高地区，后备土地资源或未利用土地资源较为稀缺，一些重点开发区在本行政区范围内，很难完成补充耕地任务。与之相反，皖江城市带的限制开发区后备土地资源相对宽松，据测算，目闲置和低效使用的居民点及工矿用地面积高达为64.83千公顷❶。

因此，笔者建议"平衡指标"应在皖江城市带范围内自由交易，通过市场价格竞争的激励机制促进"平衡指标"在重点开发区与限制开发区之间优化配置。具体来讲，就是规定皖江城市带限制开发区29个县（市）为"平衡指标"发送区，重点开发区29个县（区）为"平衡指标"接收区，通过安徽省土地交易平台发布"平衡指标"交易信息、组织公开竞价、公示成交结果，以调节皖江城市带"平衡指标"供求余缺。

对于重点开发区新增建设用地激励因素是个复杂问题，例如，为了鼓励提高土地利用效率，也可以将新增建设用地供地率、单位GDP用地量以及土地执法监察等纳入新增建设用地激励因素。主体功能区规划是基础性、约束性和战略性规划，各地应当依据法定程序，根据主体功能区规划的要求对土地资源利用总体规划和城乡建设规划等进行修编，这才是提高土地资源利用效率和实现可持续发展的关键。

---

❶ 许宗凤，徐诗举. 皖江城市带城乡土地置换情况调研——基于主体功能区的视角 [J]. 铜陵学院学报，2016（5）：61-64.

第八章　城乡建设用地供求调节机制研究

本章以皖江城市带为例，解释在主体功能区建设背景下，重点开发区城镇化建设用地供给严重不足，限制开发区农村建设用地存在闲置低效使用状态，通过建立有效的区域间城乡建设用地供求调节机制，实现主体功能区城乡建设用地优化配置。

一、问题的提出及相关研究综述

大量人口的户籍地与居住地分离，是我国城镇化进程的一个显著特征。由于缺乏必要的宅基地退出机制，造成农村建设用地大量闲置。国土资源部的数据显示，我国农村居民点空闲和闲置用地面积达 3 000 万亩左右，相当于现有城镇用地规模的 1/4，低效用地达 9 000 万亩以上，相当于现有城镇用地规模的 3/4[1]。同时，伴随着农村人口的大量涌入，城镇建设用地供给相对不足，导致城市房价过高，进一步降低了城镇化的质量。按照《国家新型城镇化规划（2014～2020 年）》提出的目标，到 2020 年，我国将转移 1 亿左右农业人口到城镇落户，常住人口城镇化率和户籍人口城镇化率应分别达到 60% 和 45% 左右。显然，农村集体建设用地大量闲置和城镇建设用地不足的矛盾将长期存在。2004 年 10 月 21 日，国务院发布了《关于深化改革严格土地管理的决定》（国发〔2004〕28 号），鼓励农村加强建设用地整理，实行城镇建设用地增加要与农村建设用地减少相挂钩。随后，全国各地都纷纷进行城乡建设用地增减挂钩改革试点，最典型的是成都的"三集中"（工业向集中发展区集中，农民向城镇集中，土地向承包经营户集中）、浙江嘉兴的"两分两换"（用宅基地换城镇住

---

[1] 参见国土资源部网站：《国土资源部关于推进土地节约集约利用的指导意见》解读之一。http://www.mlr.gov.cn/tdzt/tdgl/jyjy/zcjd/201410/t20141015_1332337.htm

第八章 城乡建设用地供求调节机制研究

房,用承包经营地换社会保障)、重庆的"地票交易"等。目前,国家规定城乡建设用地增减挂钩结余指标只能限于县级行政区域范围内交易,但是经济发展不平衡及其引起的人口跨区域流动,造成区域间城乡建设用地供求严重失衡。

理论界对城乡建设用地增减挂钩结余指标交易半径或交易范围问题存在很大争议。第一种意见主张将指标交易半径扩大到市域范围。例如,刘澄宇、龙开胜[1](2016)认为建立市域范围内的指标交易制度,只需要在城乡建设用地增减挂钩实践上将"建新区"和"拆旧区"半径适当扩大即可,各地短期内基本可以推行。第二种意见主张将指标交易半径扩大到省域范围。例如,杨继瑞、汪锐、马永坤[2](2011)认为重庆的"地票"制度是通过市场渠道实现城乡建设用地指标在全市范围内跨区(县)置换,使偏远农村集体建设用地能够分享大中城市周边土地的级差收益。第三种意见主张将指标交易半径扩大到全国范围。例如,孟明毅[3](2015)建议组织跨省域的地票流转,建立一个全国标准化的统一土地开发权交易市场。从某种程度上讲,增减挂钩结余指标流转就是协调人地关系的矛盾,土地供给要考虑到人口的迁移,即实现人随地走。诚然,增减挂钩结余指标交易半径过小限制了城乡建设用地配置空间。但是,我国东西南北之间水文气候、地质地貌等自然环境以及语言、文化习俗等社会条件差异很大,人口大规模跨区域长途迁徙显然不切实际。如果在全国范围进行增减挂钩结余指标交易,中西部落后地区的建设用地指标就会流向出价较高的东部地区,会进一步加剧区域间发展不平衡。当前讨论增减挂钩结余指标交易半径主要限于行政区域,而非经济区域,其实经济区域是一种综合性经济发展地理概念,它既反映特定空间范围内的人力资源、土地资源以及生态资源的合理利用程度,也反映其环境、土壤、气候以及文化习俗等一致性因素,因此,增减挂钩结余指标更适合在特定的经济区域范围内交易。

---

[1] 刘澄宇,龙开胜.集体建设用地指标交易创新:特征、问题与对策——基于渝川苏浙等地典型实践[J].农村经济,2016(03):27-34.

[2] 杨继瑞,汪锐,马永坤.统筹城乡实践的重庆"地票"交易创新探索[J].中国农村经济,2011(11):4-9.

[3] 孟明毅.安徽许庄:探路"地票"试验[J].西部大开发,2015(10):88-93.

二、我国农地开发权本质及其供求失衡

依据土地开发权理论(Land Development Rights)解释我国农地开发权本质就是国家赋予农村土地使用者改变耕地用途的权利,农地开发权可以独立于集体土地所有权而存在。国家赋予农民的农地开发权是为了满足村民居住和基本生产生活需要,农地开发权不能随农业人口迁移而上市交易是导致农地开发权供求失衡的主要原因。

(一)我国农地开发权本质

基于西方的土地开发权理论,土地开发权可以作为变更土地用途的财产权利,它可以从土地产权束中分离出来并让渡给他人（Ralph Henger and Kilian Bizer, 2008)[1]。土地开发权可以从发送区（Sending Areas）转移到接收区（Receiving Areas），发送区出售开发权之后,土地开发会受到严格的限制,而接收区将获得更大的开发强度（John C. Danner, 1997)[2]。针对我国传统的土地分区管制及城乡建设用地增减挂钩试点过程出现的问题,较为一致的观点是建立农村土地开发权转移市场交易手段取代由地方政府主导的行政调节手段。例如,国内学者沈守愚[3](1998)、刘国臻[4](2007)、刘明明[5](2008) 等论述了农地开发权理论对于理顺集体土地产权关系和优化城乡土地资源配置的重要意义;魏后凯、刘同山[6](2016)认为相对于宅基地换

---

[1] Ralph Henger & Kilian Bizer, Tradable planning permits for land-use control in Germany [J]. Land Use Policy, 2010(27):843-852.

[2] John C. Danner TDRs—great idea but questionable value [J].The Appraisal Journal, 1997 (4):133-142.

[3] 沈守愚. 论设立土地发展权的理论基础和重要意义 [J]. 中国土地科学, 1998（1）: 17-19.

[4] 刘国臻. 论美国的土地发展权制度及其对我国的启示 [J]. 法学评论, 2007（3）: 140-146.

[5] 刘明明. 土地发展权的域外考察及其带来的启示 [J]. 行政与法, 2008（10）:25-28.

[6] 魏后凯,刘同山. 农村宅基地退出的政策演变、模式比较及制度安排 [J]. 东岳论丛, 2016（09）: 15-24.

第八章　城乡建设用地供求调节机制研究

房和宅基地收储方式，市场化交易更能够体现宅基地价值、实现供需平衡，有更好的推广价值。因此，曾野（2016）❶认为从制度的功能而言，我国城乡建设用地增减挂钩政策与美国土地开发权交易制度十分相似。

土地开发权是国家赋予土地使用者的权利，可以独立于土地所有权而存在。我国《宪法》第十条规定城市土地属于国家所有，农村土地属于集体所有。《宪法》赋予城市较大的土地开发权，如城市工业、商业、居住性开发用地以及城市公共性开发用地等。与之相反，规定农村土地主要用于农业生产，受到严格的开发限制，只赋予村民居住、公用事业和乡镇企业用地等有限的开发权。国家将耕地赋予农地开发权就形成了农村建设用地，可用等式表示为：耕地 + 农村土地开发权 = 农村建设用地。因此，农地开发权的本质就是国家赋予农村土地使用者改变耕地用途的权利，可以独立于集体土地所有权而存在。农地开发权包括宅基地开发权、公共用地开发权以及集体经营性用地开发权。其中，公共用地开发权和集体经营用地开发权是赋予集体的建筑权，属于集体所有的财产权利；赋予农户的宅基地开发权是为了保证村民基本居住权，因此属于农户的私有财产权利。

我国农村集体建设用地中70%以上是宅基地，而宅基地只能在集体所有制成员内部流转。目前，只允许农村集体经营性建设用地即乡镇和村办企业用地入市，而其只占农村集体建设用地的10%❷。随着农村剩余劳动力不断向城市转移，农村集体建设用地闲置现象愈来愈严重。如果能将原本赋予农民的土地开发权从农村建设用地上分离出来，随进城农民带入城市使用，城市通过征用耕地方式增加建设面积，就可以缓解城市建设用地不足的矛盾。农地开发权从农村建设用地上分离出来的过程，就是将农村建设用地复垦为耕地的过程，可用等式表示为：农村建设用地－农地开发权 = 耕地。从总体上看，农地开发权从农村转移到城市，只是土地使用形态的空间优化，建设用地没增加，耕地面积没减少。在实施严格的耕地保护制度下，农地开发权作为一项日益稀缺的资源也会不断升值。由于城镇化

---

❶ 曾野. 从指标权交易到发展权交易——美国TDR制度对地票制度的启示 [J]. 河北法学, 2016（03）：144-154.

❷ 张雯. 全国人大代表蔡继明：建议允许城市居民到农村"买房或租地建房" [N]. 每日经济新闻, 2017-3-7（06）.

进程的不均衡，不同城市对土地开发权的需求程度不一样，流向需求程度高的城市能够获得更高的收益。因此，当前应选择在一定区域范围内，以农地开发权价格为媒介，为农地开发权供给者和需求者之间搭建一个公平交易平台。

（二）农地开发权供求失衡的表现

由于缺乏有效的农村土地开发权供求调节机制，我国农村土地开发权在城乡之间和区域之间都存在严重的供求失衡。首先，农村土地开发权城乡之间供求失衡。城镇化进程中，农村人口涌向城市，农村宅基地开发权等没能随之流向城市。如城乡建设用地供给未及时随人口增减相应调整，必然引发城乡之间土地开发权供求错配。根据国土资源部最新数据，我国城镇用地合计 91 612 平方千米，村庄用地为 19 1158 平方千米，农村集体建设用地是城镇国有建设用地的 2 倍以上，其中 70% 以上是宅基地，而全国总人口中 56.1% 的常住人口在城镇，只有 43.9% 的常住人口在农村❶。这是造成当前城市房价上涨过快，而农村宅基地大量闲置的主要原因。

其次，农地开发权区域之间供求失衡。由于区域间经济发展不平衡，各个城市集聚人口的能力有差异，再加上我国大城市一般都是集政治、经济、文化、教育、科研、医疗等中心为一体，优质公共资源的高度集中，导致中心城市人口急剧膨胀，而土地开发权没有随之向中心城市集中，如城乡建设用地增减挂钩指标只限于县级行政单元内交易，必然引发区域之间土地开发权供求错配。根据住建部《中国城市统计年鉴》数据，2006～2014 年，1 000 万人以上、500～1 000 万人的城市城区常住人口增量占县级以上城市城区人口比例远大于其居住用地增量比例；500 万人以下的城市城区常住人口增量比例明显小于其居住用地增量比例，特别是 20 万人以下城市城区人口增长为负，但居住用地仍然增长了 17.4%❷。这是导致当前一二线城市房价上涨压力过大，三四线城市房地产却存在去库存压

---

❶ 张雯.全国人大代表蔡继明：建议允许城市居民到农村"买房或租地建房"[N].每日经济新闻，2017-3-7（06）.

❷ 任泽平：人地分离供需错配，致一线高房价三四线高库存.新浪财经
http://finance.sina.com.cn/review/jcgc/2017-01-17/doc-ifxzqhka3234057.shtml

力的根本原因。

三、主体功能区视阈下农地开发权转移

根据《全国主体功能区规划》（国发〔2010〕46号），我国整个国土空间被划分为四种不同类型的主体功能区，即优化开发区、重点开发区、限制开发区和禁止开发区。其中优化开发区是指国土开发密度已经较高、资源环境承载能力开始减弱的区域，如长三角、珠三角以及环渤海经济区域等；重点开发区域是指资源环境承载能力较强、经济和人口集聚条件较好的区域，如中原经济区、成渝经济区以及海峡西岸经济区等；限制开发区域是指资源承载能力较弱、大规模集聚经济和人口条件不够好、关系到全国或较大区域范围生态安全的区域，包括农产品主产区以及重点生态功能区，前者如东北平原主产区、黄淮海平原主产区、长江流域主产区等，后者如大小兴安岭森林生态功能区、三江源草原草甸湿地生态功能区等；禁止开发区域是指依法设立的各类自然保护区、文化自然遗产、风景名胜区、森林公园和地质公园等。按照《全国主体功能区规划》要求，限制开发和禁止开发区域要实施积极的人口退出政策，优化开发和重点开发区域要实施积极的人口迁入政策，鼓励限制开发和禁止开发区域人口到重点开发和优化开发区域就业并定居；对不同类型的主体功能区要实行差别化的土地利用和土地管理政策，实行地区之间人地挂钩政策，城市化地区建设用地的增加规模要与吸纳外来人口定居的规模挂钩，相对适当扩大或控制重点、优化开发区域的城镇化地区建设用地规模，减少或严禁限制、禁止开发区域的土地开发建设。因此，在主体功能区规划背景下，限制、禁止开发区生态超载人口和农村剩余劳动力亟待转移到优化、重点开发区，必然导致不同类型主体功能区之间建设用地需求的差异，为此，以特定经济区域为半径，促进不同类型主体功能区之间土地开发权转移，是正确处理好人地关系的关键。本文以皖江城市带为例，解释主体功能区规划条件下，如何建立皖江城市带农村土地开发权供求调节机制。

四、皖江城市带农地开发权供求现状

2010年1月国务院批复《皖江城市带承接产业转移示范区规划》，示

范区规划范围为安徽省长江流域，包括合肥、芜湖、马鞍山、铜陵、安庆、池州、滁州、宣城八市全境和六安市金安区、舒城县，共58个县（市、区），规划期为2010年至2015年。为进一步打造皖江城市带承接产业转移示范区的升级版，2016年10月安徽省政府正式印发《皖江城市带承接产业转移示范区规划（修订）》，将规划展期至2020年，远景目标展望至2025年。根据《安徽省主体功能区规划》（具体规划情况参见表8-1），皖江城市带58个县（市、区）中，29个县（区）属于重点开发区，29个县（市）属于限制开发区（包括农产品主产区和重点生态功能区）。（具体情况参见第七章表7-4）。因此，皖江城市带既要承接产业转移，又要承担保护耕地和生态环境的重要职能。皖江城市带是长三角的重要组成部分，正在成为沿江城镇密集带和临江产业密集带，城镇化建设用地需求量较大，预计2015～2020年建设用地将累计增加130千公顷，年增长率为10.53%[1]。皖江城市带未利用土地面积较小，且总体质量较差，生态环境脆弱，适宜开垦利用的土地极其有限[2]。显然，皖江城市带建设用地供求压力长期内难以缓解。根据《皖江城市带承接产业转移示范区规划（修订）》，皖江城市带既要统筹协调承接产业转移特别是产业集中区的用地需求，又要实行最严格的耕地保护制度。因此，要在继续推进城乡建设用地指标增减挂钩试点的基础上，结合不同区域的主体功能区定位，优化土地空间利用结构，建立城乡统一的建设用地市场。基于人地均衡配置的视角，对皖江城市带主体功能区居民点及工矿用地与人口分布情况进行测算，结果显示，相对于区域间常住人口规模，处于限制开发区29个县市的建设用地面积闲置64.83公顷，处重点开发区29个区县的建设用地面积短缺64.83公顷。皖江城市带限制开发区（农村地区）转移64.83公顷的土地开发权到重点开发区（城镇化地区），可以实现区域间土地开发权供求均衡。（具体情况参见表8-2）

---

[1] 根据黄金碧等的研究结果，2015-2020年皖江城市带将新增建设用地1300.46平方千米，换算约为130千公顷，参见黄金碧、冯长春. 基于DEA模型优化的城镇建设用地需求预测——以皖江城市带为例[J]. 城市发展研究，2013（11）:77.

[2] 参见安徽省国土资源厅网站：《安徽省土地整治规划（2011-2015年）》http://www.ahgtt.gov.cn/zwgk/gkml_show.jsp?row_id=3020130200000007341

第八章 城乡建设用地供求调节机制研究

表 8-1 安徽省主体功能区划分方案

主体功能区类型	片区	范围	面积（平方千米）	面积占全省比重（%）
重点开发区域 / 国家重点开发区域（江淮地区）	合肥片区	合肥市：庐阳区、瑶海区、蜀山区、包河区、肥西、肥东	5 107.24	3.64
	芜马片区	芜湖市：镜湖区、弋江区、鸠江区、三山区、无为、繁昌 马鞍山市：花山区、雨山区、博望区、当涂、和县	6 818.64	4.87
	铜池片区	铜陵市：郊区、铜官山区、狮子山区、铜陵县 池州市：贵池区	3 598.70	2.57
	安庆片区	安庆市：迎江区、大观区、宜秀区、枞阳县	2 339.50	1.67
	滁州片区	滁州市：琅琊区、南谯区	1 404.32	1.00
	宣城片区	宣城市：宣州区	2 620.75	1.87
	合 计	29个县（市、区）	21 889.14	15.62
省重点开发区域	阜亳片区	阜阳市：颍州区、颍东区、颍泉区 亳州市：谯城区	4 092.24	2.92
	淮（南）蚌片区	淮南市：大通区、田家庵区、谢家集区、八公山区、潘集区 蚌埠市：龙子湖区、蚌山区、禹会区、淮上区	1 945.08	1.39
	淮（北）宿片区	淮北市：杜集区、相山区、烈山区 宿州市：埇桥区	3 281.61	2.34
	六安片区	六安市：金安区	1 653.33	1.18
	黄山片区	黄山市：屯溪区、徽州区	592.03	0.42
	合 计	20个县（市、区）	11 564.30	8.25
合 计		49个县（市、区）	33 453.44	23.87

119

续表

主体功能区类型	片区	范围	面积（平方千米）	面积占全省比重（%）
限制开发区域	淮北平原主产区	淮北市：濉溪县 亳州市：涡阳县、蒙城县、利辛县 宿州市：砀山县、萧县、灵璧县、泗县 蚌埠市：怀远县、固镇县、五河县 淮南市：凤台县 阜阳市：临泉县、太和县、阜南县、颍上县、界首市	30 544.37	21.80
限制开发区域 国家农产品主产区	江淮丘陵主产区	合肥市：长丰县 六安市：裕安区、寿县、霍邱县 滁州市：来安县、全椒县、定远县、凤阳县、明光市、天长市	22 733.82	16.22
	沿江平原主产区	合肥市：巢湖市、庐江县 六安市：舒城县 芜湖市：芜湖县、南陵县 马鞍山市：含山县 池州市：东至县 安庆市：桐城市、怀宁县、宿松县、望江县 宣城市：郎溪县、广德县	23 176.42	16.54
	合　计	40个县（市、区）	76 454.51	54.56
重点生态功能区	国家重点生态功能区	六安市：金寨县、霍山县 安庆市：太湖县、岳西县、潜山县 池州市：石台县	13 445.35	9.60
	省重点生态功能区	黄山市：歙县、黟县、祁门县、休宁县、黄山区 池州市：青阳县 宣城市：泾县、旌德县、绩溪县、宁国市	16 772.48	11.97
	合　计	16个县（市、区）	30 217.83	21.57
	合　计	56个县（市、区）	106 672.34	76.13

续 表

主体功能区类型	片区	范围	面积（平方千米）	面积占全省比重(%)
禁止开发区域	自然保护区	国家级7处、省级29处	4199.65	3.00
	自然文化遗产和重点文物保护单位	世界自然文化遗产1处、世界文化遗产1处、全国重点文物保护单位130处	1099.62	0.78
	风景名胜区	国家级10处、省级31处	3268.57	2.33
	重要湿地	国家级5处	1140.56	0.81
	湿地公园	国家级12处	512.01	0.37
	森林公园	国家级29处、省级37处	1477.04	1.05
	地质公园	世界级2处、国家级9处、省级5处	1635.53	1.17
	蓄滞（行）洪区	23处	3986.94	2.85
	水产种质资源保护区	国家级19处	549.26	0.39
	合　计	350处	17869.18	12.75

注：本表中禁止开发区域面积包含在重点开发区域和限制开发区域面积中，行政区划数据截止到2010年。

资料来源：《安徽省主体功能区规划》（皖政〔2013〕82号）

表 8-2 皖江城市带主体功能区居民点及工矿用地与人口分布情况

主体功能区类型	常住人口（万人）	人地错配条件下的居民点及工矿用q地（千公顷）	人地均衡配置条件下的居民点及工矿用地（千公顷）	增减挂钩潜力（千公顷）
限制开发区（农村地区）	1 395.6	460.64	395.81	-64.83
重点开发区（城镇化地区）	1 526.8	368.18	433.01	64.83
合计	2 922.4	828.82	828.82	0

数据来源：《安徽省主体功能区规划》、《安徽统计年鉴 2015》

五、建立皖江城市带农地开发权供求调节机制

主体功能区规划是国土空间开发的战略性、基础性和约束性规划，在各类空间规划中居总控性地位，是国民经济和社会发展规划、土地利用规划、环境保护规划、生态建设规划、人口规划、区域规划、城市规划、粮食生产规划等在空间开发和布局的基本依据。限制开发区以提供农产品为主体功能，需要在国土空间开发中限制进行大规模高强度工业化城镇化开发，以保持并提高农产品生产能力的区域，因此需要节约和保护耕地，减少建设用地供给。重点开发区是重要的经济增长极与人口集聚地，要扩大城市规模，扩大先进制造业空间，扩大服务业、交通和城市居住等建设空间，增加建设用地供给。为此，应结合《安徽省主体功能区规划》和《皖江城市带承接产业转移示范区规划（修订）》的要求，探讨建立农村土地开发权供求调节机制。

（一）继续推进和完善城乡建设用地增减挂钩试点制度

对具备城乡建设用地增减挂钩试点条件的区域，要继续推进和完善城乡建设用地增减挂钩试点制度。一是要扩大城乡建设用地增减挂钩试点范

围。对农村建设用地整理复垦潜力较大、城乡建设用地供求矛盾突出、执行土地制度严格规范、财政保障拆旧整理和新建安置所需资金能力较强的区域都应实施城乡建设用地增减挂钩。二是探索增减挂钩试点项目区跨县级行政区域设置。目前城乡建设用地增减挂钩项目区必须在县级行政辖区内，不利于限制开发区与重点开发区之间建设用地供求余缺的调剂，而皖江城市带重点开发区与限制开发区交错分布，可以在皖江城市带范围内不同类型相邻的主体功能区之间，探索增减挂钩试点项目区跨县级行政区域设置，将有利于促进马（马鞍山）芜（芜湖）一体化、铜（铜陵）池（池州）一体化以及合（合肥）铜（铜陵）发展带等空间战略布局的形成。

（二）建立地方政府农地开发权收购和储备制度

对不具备城乡建设用地增减挂钩试点条件的区域，要建立地方政府农地开发权收购和储备制度。目前，一些经济发展水平较低的偏远落后地区，不具备城乡建设用地增减挂钩条件。根据调查，因为距离城镇较远，就近就业困难，偏远落后地区举家外出打工人口多，相对于城乡接合部地区，这些地区更容易形成"空心村"，且这些地区家庭对宅基地退出意愿较强，补偿标准期望值较低。笔者以为，在不具备城乡建设用地增减挂钩试点条件的地区，对那些在城市购买了住房、有稳定工作或稳定收入的农户，如果自愿退出宅基地开发权的，地方政府应参照同时期区县征地政策对宅基地开发权及其附着物给予一次性补偿。因为这些家庭事实上已经成为城市居民，宅基地复垦以后不需要当地另行占用耕地新建住宅，不占用城乡建设用地增减挂钩周转指标，宅基地复垦面积全部可以作为新增建设用地指标或占补平衡指标。为此，应建立地方政府农地开发权收购和储备制度，成立农地开发权收购周转基金，基金来源由新增建设用地指标或占补平衡指标交易收入以及财政农地开发权收购储备拨付资金等构成，主要用于对农户退出的宅基地复垦和宅基地开发权补偿。

（三）实行皖江城市带农地开发权跨区域交易制度

为体现主体功能区规划战略的要求，建议规定限制开发区 29 个县市为农地开发权的发送区，规定重点开发区的 29 个区县为农地开发权的接收区。安徽省国土资源厅负责建设统一的城乡土地资源"省级交易平台"，面向皖江城市带发布农地开发权交易信息、组织公开竞价、公示成交结果，以调节皖江城市带农地开发权供求余缺。皖江城市带土地开发权跨区域交易的对象，既包括符合增减挂钩试点条件地区产生的建设用地节余指标，也包括不具备挂钩条件地区收购和储备的新增建设用地指标或占补平衡指标。农地开发权的流转采取公开挂牌竞价或者网上竞价的方式进行。农地开发权转让方为皖江城市带限制开发区的29个县（市）人民政府，受让方为皖江城市带重点开发区的29个县（区）人民政府。安徽省国土资源厅负责皖江城市带农地开发权跨区域交易的监督管理工作，各市、县国土资源局负责农地开发权流转具体工作。具体交易流程如图8-1：

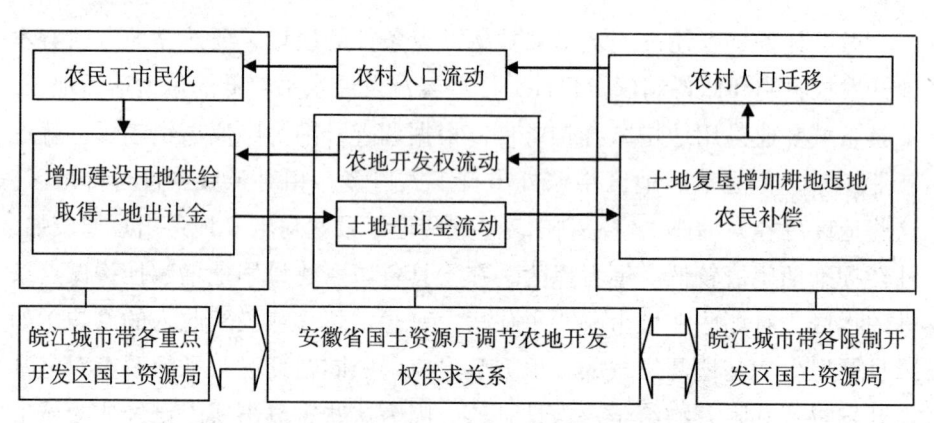

图 8-1 皖江城市带农地开发权跨区域交易流程图

我国农地开发权本质就是国家赋予农村土地使用者改变耕地用途的权利，农地开发权可以独立于集体土地所有权而存在。城乡和区域人口流动引起农地开发权供求错配，农地开发权供求调节机制必须适应主体功能区规划要求，皖江城市带重点开发区与带限制开发区之间农地开发权供给严重失衡。当前，应完善城乡建设用地增减挂钩试点制度、建立农地开发权收购和储备制度、实行皖江城市带农地开发权跨区域交易制度。

参 考 文 献

一、主要参考著作

[1] Lewis.W.Arthur. Economic Development with Unlimited Supplies of Labor [J] .Manchester School of Economic and Social Studies, 1954, 22 (2): 139-191.

[2] Gustav Ranis, John C. H. Fei, A Theory of Economic Developments[J] .The American Economic Review, 1961, 51 (4): 533-565.

[3] Michael P.Todaro. A Model of Labor Migration and Urban Unemployment in Less Developed Countries [J]. American Economic Association, 1969, 59 (1): 138-148.

[4] Paul Krugman. Increasing Returns and Economic Geography [J].The Journal of Political Economy, 1991, 99 (3): 483-499

[5] George R. Boyer, Timothy J. Hatton. Migration and Labor Market Integration in Late Nineteenth - Century England and Wales [J].The Economic History Review , 1997,50 (4): 697-734.

[6] Charles M. Tiebout. A Pure Theory of Local Expenditures [J]. The Journal of Political Economy, 1956, 64 (5): 416-424.

[7] Wallace E. Oates. On Local Finance and the Tiebout Model [J]. The American Economic Review, 1981, 71 (2): 93-98.

[8] Richard L. Barrows. etc. Transfer of DevelopmentRights：An analysis of new land use policy Tool[J]. AmericanJournal of Agricultural Economics, 1975, 57(4): 549 - 557.

[9] Cynthia J. Nickerson & Lori Lynch. The Effect of FarmlandPreservation Programs on Farmland Prices[J]. American Journal of Agricultural Economics, 2001, 83(2): 341 - 351.

[10] John C. Danner TDRs—great idea but questionable value[J].The Appraisal Journal,1997, 4: 133-142.

[11] Ant ó nio Tavares. Can the Market Be Used to Preserve Land? The Case for Transfer of Development Rights [C]. European Regional Science Association 2003 Congress，2003.

[12] Ralph Henger and Kilian Bizer. Tradable Planning Permits for Land-use Control in

Germany [C]. oettingen: Land Use Economics and Planning Discussion Paper, 2008: 01-08..

[13] Ralph Henger & Kilian Bizer, Tradable planning permits for land-use control in Germany [J].Land Use Policy, 2010 (27): 843-852.

[14] John Stuart Mill, Principles of Political Economy with some of their Applications to Social Philosophy[M].London: John W. Parker, West Strand Press, 1848.

[15] Theodore W. Schultz, Transforming Traditional Agriculture[M].New Haven: Yale University Press, 1964

[16] 亚当·斯密.国民财富的性质和原因的研究[M].北京：商务印书馆，2005.

[17] 沈守愚.论设立土地发展权的理论基础和重要意义[J].中国土地科学，1998（1）.

[18] 刘国臻.房地产老板之暴富与土地发展权研究[J].中山大学学报(社会科学版)，2007（3）.

[19] 刘明明.土地发展权的域外考察及其带来的启示[J].行政与法，2008（10）.

[20] 胡兰玲.土地发展权论[J].河北法学，2002（2）.

[21] 张友安，陈莹.土地发展权的配置与流转[J].中国土地科学，2005（5）.

[22] 张安录.可转移发展权与农地城市流转控制[J].中国农村观察，2000（2）.

[23] 廖喜生，陈甲斌.从集体用地流转看我国农村土地发展权配置[J].中国国土资源经济，2007（12）.

[24] 朱启臻.新农村建设与失地农民补偿——农地发展权视角下的失地农民补偿问题[J]中国土地，2006（4）.

[25] 魏正果.我国农业土地国管私用论[J].中国农村经济，1989（5）.

[26] 杨小凯.中国改革面临的深层问题——关于农村土地改革[J].战略与管理，2002(5).

[27] 迟福林.赋予农民长期而有保障的土地使用权[J].中国农村经济，1999（3）.

[28] 汪晖，陶然.论土地发展权转移与交易浙江模式——制度起源操作模式及其重要含义[J].管理世界，2009（08）.

[29] 谭峻，戴银萍.浙江省基本农田易地有偿代保制度个案分析[J].管理世界，2004（03）.

[30] 尹珂，肖轶.农村土地"地票"交易制度绩效分析——以重庆城乡统筹试验区为例[J].农村经济，2011（02）.

[31] 胡存智.差别化土地政策助推主体功能区建设[J].行政管理改革，2011（4）:19-25.

[32] 程力.对主体功能区战略下的差别化土地政策的探讨——以广西为例[J].南方国土资源，2014（07）:45-48.

[33] 刘同山 孔祥智.参与意愿、实现机制与新型城镇化进程的农地退出[J].改革,

2016（06）:79-89.

[34] 魏后凯,刘同山.农村宅基地退出的政策演变、模式比较及制度安排[J].东岳论丛,2016（09）:15-24.

[35] 滕亚为.户籍改革中农村土地退出补偿机制研究——以重庆市为例[J].国家行政学院学报,2011（04）:101-105.

[36] 胡序威.我国区域规划的发展态势与面临问题[J].城市规划,2002（2）:23-26.

[37] 徐小峰,胡银根,魏西云,王恒.中国土地勘测规划农村宅基地退出与补偿的几点思考[J].国土资源情报,2011（08）:31-33.

[38] 白天亮.人社部调查显示:过半农民工想当市民[J].劳动保障世界,2013（5）:18.

[39] 杨伟民,袁喜禄,张耕田,董煜,孙玥.实施主体功能区战略,构建高效协调可持续的美好家园——主体功能区战略研究总报告[J].管理世界,2012（10）.

[40] 吴萍,李爱新,吴克宁,帅佳良,李芳颢.城乡土地挂钩置换的相关问题探讨[A].2009年中国土地学会学术年会论文集,2009-11-30：485-489.

[41] 国家发展改革委员会编.全国及各地区主体功能区规划（上、中、下）[M].北京：人民出版社,2015.

[42] 冯蕾.户籍人口城镇化率[N].光明日报,2015-11-3（04）

[43] 魏正果.我国农业土地国管私用论[J].中国农村经济,1989（5）.

[44] 郭熙保,白松涛.农业规模化经营：实现"四化"同步的根本出路[N].光明日报,2013-2-8（11）.

[45] 倪明芳,宋禹飞.肥西土地置换增地近万亩,2007年启动农村集体建设用地置换工作以来共实施了18个批次[N].中国国土资源报,2010-01-07（003）.

[46] 吴萍,李爱新,吴克宁,帅佳良,李芳颢.城乡土地挂钩置换的相关问题探讨[A].2009年中国土地学会学术年会论文集,2009-11-30：485-489.

[47] 王勇,李子俊.破解土地瓶颈,实现城乡双赢——滁州市开展土地置换统筹城乡科学发展纪实[N].南京日报,2009-07-08（A05）.

[48] 张兴榆,黄贤金,王锐,钟太洋,高敏燕,赵成胜.滁州市南谯区农村居民点土地置换潜力测算[J].资源科学,2010（03）：557-563.

[49] 唐飞.来安土地置换调查研究[D].合肥：安徽大学,2011：3-6.

[50] 张金明,陈利根,张振华.宅基地置换的实证分析——安徽省太湖县实践调查[J].山东农业大学学报（社会科学版）,2011（02）:43-48.

[51] 张晓云,常军,杨俊.反思与改良：安徽宣城市地票交易制度[J].内蒙古农业大学学报（社会科学版）,2014（05）：26-29,85.

[52] 付英.经济转型：强化土地推手作用——皖江经济带土地利用情况调研[J].中国

国土资源报，2016-04-29（005）.

[53] 马建堂.国际统计年鉴（2010）[M].北京：中国统计出版社，2010.1.

[54] 严燕.非农就业对农户土地退出意愿影响的实证研究[J].西南大学学报（自然科学版），2012（6）：128-132.

[55] 汪晓春.新型城镇化背景下进城农民土地退出补偿机制研究[J].干旱区资源与环境，2016（1）：19-24.

[56] 李爱芹.户籍制度改革与农民工市民化[J].山东农业大学学报（社会科学版），2014（4）：57-61.

[57] 牛雄.主体功能区构建的人口政策研究[J].改革与战略，2009（04）.

[58] 熊理然，成卓，李江苏.主体功能区格局下中国人口再布局实现机理及其政策取向[J].城市，2009（02）.

[59] 王永群.安徽农村宅基地确权全面开展[N].光明日报，2009-9-18.

[60] 欧胜彬，农丰收，陈利根.建设用地差别化管理：理论解释与实证研究——以广西北部湾经济区为例[J].中国土地科学，2014（01）:26-32.

[61] 郭杰，包倩，欧名豪：基于资源禀赋和经济发展区域分异的中国新增建设用地指标分配研究[J].中国土地科学，2016（06）：71-80.

[62] 钱净净.中国城市间房价分化的经济学解释[J].河南师范大学学报（哲学社会科学版），2016（03）:77-81.

[63] 李宇嘉.增加土地供给有利引导楼市预期[N].中国证券报，2017-03-29（A04）.

[64] 祝宝良，张延陶.房地产供给问题没有根本解决[J].英才，2017（Z1）:123.

[65] 刘澄宇，龙开胜.集体建设用地指标交易创新：特征、问题与对策——基于渝川苏浙等地典型实践[J].农村经济，2016（03）:27-34.

[66] 杨继瑞，汪锐，马永坤.统筹城乡实践的重庆"地票"交易创新探索[J].中国农村经济，2011（11）：4-9.

[67] 孟明毅.安徽许庄：探路"地票"试验[J].西部大开发，2015（10）：88-93.

[68] 曾野.从指标权交易到发展权交易——美国TDR制度对地票制度的启示[J].河北法学，2016（03）：144-154.

[69] 邱敦红.新形势下的中国土地问题[J].求是，2012（08）:28-30.

[70] 黄金碧，冯长春.基于DEA模型优化的城镇建设用地需求预测——以皖江城市带为例[J].城市发展研究，2013（11）:77.

[71] 滕亚为.户籍改革中农村土地退出补偿机制研究——以重庆市为例[J].国家行政学院学报，2011（04）.

[72] 许宗凤，徐诗举.皖江城市带城乡土地置换情况调研——基于主体功能区的视角

[J].铜陵学院学报,2016(05):61-64.

[73] 徐诗举,许宗凤,张宏妹.促进限制开发区与重点开发区土地开发权与人口并流——基于城乡土地置换的视角[J].西昌学院学报(自然科学版),2013(03):38-42.

[74] 徐诗举,许宗凤.进城农民市民化问题研究——以皖江城市带为例[J].巢湖学院学报,2017(01):31-36.

[75] 徐诗举.全国主体功能区人口分布状况分析[J].铜陵学院学报,2016(03):7-10.

[76] 徐诗举.促进主体功能区建设的财政政策研究[M].北京:经济科学出版社,2011.

[77] 徐诗举,许宗凤.我国农地产权归属问题研究[J].阜阳师范学院学报,2016(05):117-120.

[78] 徐诗举,许宗凤.促进限制开发区人口迁移的财政政策研究[J].宿州学院学报,2016(08):5-9.

[79] 徐诗举.完善主体功能区差别化税收政策的建议[J].税务研究,2016(09):101-103.

[80] 徐诗举,查道懂.主体功能区视阈下的区域间生态补偿研究[J].赤峰学院学报(自然科学版),2012(04):53-56.

二、部分资料来源网站

[81] 中国政府网 http://www.gov.cn/

[82] 财政部网站 http://www.mof.gov.cn/

[83] 环境保护部网站 http://www.zhb.gov.cn/

[84] 国家发改委网站 http://www.sdpc.gov.cn/

[85] 中国土地资源网 http://news.mlr.gov.cn/

[86] 中国科学院网站 http://www.cstc.org.cn/

[87] 国家统计局网站 http://www.stats.gov.cn/

[88] 安徽省城乡建设厅网站 http://www.ahjst.gov.cn/

[89] 安徽省政府网 http://www.ah.gov.cn/

[90] 安徽省统计局网站 http://www.ahtjj.gov.cn/

[91] 安徽省发改委网站 http://www.ahpc.gov.cn/

[92] 安徽省国土资源厅网站 http://www.ahgtt.gov.cn/

[93] 皖江新闻网 http://ah.anhuinews.com/wanjiang.shtml

2